介護・福祉の現場で
ともに学び、働くための

外国人スタッフの理解

Virág Viktor 著

ヴィラーグ ヴィクトル

中央法規

はじめに

　日本の介護・福祉現場では、外国人介護スタッフを受け入れ、指導し、一緒に働く機会がどんどん増えていく時代に本格的に突入しています。

　外国人介護スタッフに対する支援の中では、制度や技術的な側面に加えて、多様な文化の尊重や配慮をすることが重要なポイントの一つです。しかし、文化の違いをどのようにとらえ、具体的にどうすればよいかとなると、戸惑う人も多いでしょう。本書が目指すことは、文化の多様性について理解し、対応を考えるための枠組みを、筆者の経験や研究・理論に照らし合わせながら紹介することです。

　厚生労働省によると、2025年に必要となる約250万人の介護人材のうち、37万人以上が不足することが予想されています。

　このような人材不足の中、外国人介護スタッフに対しては、福祉業界と一般社会からの期待が高まっています。一方で「質の高い介護をスムーズに受けられるか」あるいは「介護の職場で仲良く一緒に働けるか」などの疑問や不安をもつ利用者やスタッフもいます。

　結論から言えば、外国人を受け入れる側が意図的に努力して変わろうとしない限り、受け入れが成功することはないでしょう。文化が違う以上は、摩擦が生じるものだからです。

　でも、お互い悪気があるわけではないし、目の前の利用者のためを思って仕事をしていることは同じなのに、文化的な摩擦によって介護の質が落ちてしまったり、険悪な職場環境になってしまったりするのは非常にもったいないことです。

　そこで、本書は「違いを無くす」ことではなく、「違いを理解して、認める」ことで摩擦を減らし、よい職場を作るための様々なモデルや考え方を提供します。

　そのために、本書は次のような構成になっています。

　1st Stepでは、そもそも「文化」とは何か、何が含まれているかと

いう根本問題から出発し、特に意思疎通の手段であるコミュニケーションのあらゆる側面に注目することで、『外国人介護スタッフを理解する』ことを目指します。

　2nd Stepは、『外国人介護スタッフとともに働く』ことを共通テーマとして、特に業務を覚える・こなすことに関係する文化的な側面に焦点を当てています。

　最後に、3rd Stepでは、人間関係が複雑に絡み合う福祉分野において、『介護現場でのトラブルを避ける』ためのヒントを得ます。

　日本の介護現場で外国人介護スタッフを同僚として迎える読者の皆さんが、本書を読んで、「文化の違い」をめぐる多くのモヤモヤが解消されれば幸いです。

　そして、学んだことを少しずつ実行に移すことで、「文化の違う」スタッフ同士が一緒に介護に取り組むことは、サービスの質が低下するのではなく、多様性の力によってむしろ向上につながるんだという気づきと喜びを味わえることを心より願っております。

２０２１年４月

ヴィラーグ　ヴィクトル

CONTENTS

2nd Step
外国人介護スタッフとともに働く

序章 本書をお読みいただく前に

1 本書は「外国人マニュアル」ではない

日本には多くの在留資格があり、資格の種類によって日本に来る人の国籍や文化・宗教の違いもあり、アルバイトなどの就業形態も違います。

私たちは一口に「外国人」と言ってしまいますが、本当は「外国人」とひとくくりにできるものではなく、それぞれの立場に応じてそれぞれの対応をする必要があります。

この状況に鑑み、本書は、「A国人の場合はこうすればよい、B国人の場合はああすればよい」のような単純なマニュアル化はしていません。本書を読むと一度も国籍の話が出てこないことに驚かれるかもしれません。

ここでは、多様性や文化の違いという現象自体をどのようにとらえ、生じる問題を、どのように状況把握し、どのように対応すればよいかということに焦点を当てています。

そして、本書では相手の文化を見極めると同時に、自己覚知を通して、自分の文化とその背景にあるものとも向き合います。

マニュアルのようなものを期待していた人はがっかりするかもしれません。しかし、単純なマニュアル化はかえって外国人介護スタッフを差別してしまう恐れがあるのです。詳しくは第1章をご覧ください。

2 「価値観の違い」とはどういうことか?

「価値観の違い」とは日常的によく使う言葉ですが、それがどういう意味なのかはあまり気にせず使われているように感じます。まずは「価

値観の違い」が何なのかを明らかにしたいと思います。

● 九州の人は「口答え」が多い？

　例えば、筆者は、首都圏に長く住んでいたのですが、数年前に九州に引っ越しました。実は、九州の飲食店に行くと「（首都圏に比べ）店員さんの口答えが多い」と感じます。

　しかし、九州の店員さんは果たして本当に「口答えが多い」のでしょうか、また本人はそのように自分をとらえているのでしょうか。おそらく違います。筆者にとって「口答えが多い」とネガティブに見える行動は、本人にとって「当たり前」の行動です。ネガティブに思うのは、筆者が首都圏で経験した「当たり前」と違うからです。そして、この「当たり前」が「価値観」なのです。

● なぜ「当たり前（価値観）」は違うのか

　では、この「当たり前」の「価値観」は人によってなぜ違うのでしょうか。それは、その背景にある考え方や気持ちが違うからです。この場合、筆者は「お客様は神様」、「まずは謝る姿勢が大事」という首都圏の無条件の接客態度に慣れており、それをよいサービスの基準としてしまっていることが言えます。

　しかし、九州の店員さんは、「自分やお店側が正しければ、謝る必要がない、主張してもよい」という判断基準で行動しています。

　つまり、「接客とはこういうものだ」という理想と概念そのものが違います。これは、表面上の行動や習慣ではなく、言ってみれば接客の価値観＝「接客観」というより奥深い問題です。

3　「価値観の違い」の前に心がける三つのポイント

　ここで強調しなければならないポイントは次の三点です。なお、これ

らのポイントは本書の内容に深く結びつきます。

①価値観に優劣は関係ない

　第一に、このような文化の違いは「どれがよいか、どれが悪いか」という問題ではありません。物差しになっている価値基準によってよし悪しの判断が変わってくる相対的なものです。これを間違えてしまうと、なんでも自分の文化の基準で優劣をつけるいわゆる自民族中心主義になってしまいます。

②価値観は白黒はっきり分けられるものではない

　次に、文化の違いは白黒がはっきりする「AかBか」の二極的なものではなく、スペクトラム（連続体）でとらえる必要があります。先ほどの接客の例では、お客さんに対して「いつも100%謝るか、いつも100%物申すか」という両極端になるのではなく、どちらかというと謝る傾向が多い（けど物申すときは物申す）といったグラデーションが存在します。だからこそ、「●●人にはこうするといいですよ」という簡単なマニュアル化は不可能なのです。

③価値観は環境に影響される

　最後に、価値観への、環境の影響を忘れないようにしなければなりません。我々の文化やその背景にある価値観は生まれながらもっているものではなく、今まで育ってきた環境やかかわってきた人々に影響を受けて社会的に形成されてきたものです。そのため、意図せず無意識な部分や気づかない部分が大きいです。一方で変わっていく可能性も考えられます。

4 価値観には「個人差」がある

　ある人の価値観は、「日本人だから」といった一つの要因で構成されるのではありません。その人の価値観は図表で示した通り、「死ぬより生きる方がよい」といった普遍的なものから、文化的な価値観、専門的な価値観、組織的な価値観、そして家庭環境などから影響を受ける個人の価値観など、あらゆる由来があります。

図表　あらゆる価値観

価値観の由来	例
普遍的な価値観	死ぬより生きる方がよい 親子は愛情があったほうがよいなど
文化的な価値観	国民性、県民性など
専門的な価値観	倫理綱領、法制度の影響など
組織的な価値観	運営理念、職場の暗黙の了解など
個人の価値観	好み、先入観、家庭環境など

　したがって、同じ文化、国籍であっても、その間には必ず個人差があります。ある人の価値観に国や民族の文化は大きな影響を及ぼしますが、それによってすべてが決まるということではありません。

　例えば、日本は比較的に時間を守る文化ですが、遅刻をする人や時間にだらしない人がいないわけではありません。つまり、相手の文化を正確に理解しようとするときに、「●●文化は必ずこうなる」と、思い込むことや決めつけは禁物です。一般化よりも個別化を心がけましょう。

5 差別は意図的に「気づく」必要がある

　ちなみに、「差別意識」も価値観の一種です。したがって、差別意識

は生まれ育った環境やあらゆる価値観の影響を受け、「当たり前」のものとして染みついています。

　具体的には、マスコミなどのメディアや教育、周囲の人々や生まれ育った国・地域の歴史などの社会的な要因が強く個人の偏見や先入観に影響し、それが差別行為につながっています。意図的に差別したくてしている人はほとんどいません。

　「価値観」ということは、それが差別行為であっても、本人にとっては自分の価値観からして「当たり前の行動」や「合理的な区別」として知らないうちに正当化されていることがあります。文化や制度などの社会的な要因が強いため、差別意識に気づくことが難しく、自己覚知のために意図的な努力が必要になります。

　本章を通じて、文化について考えると同時に、自分がもっているかもしれない偏見などとも向き合うこともついでに意識できるとよいでしょう。

　以上のことを心の隅に置きながら、本書をお読みいただけると幸いです。

1st Step
外国人介護スタッフを理解する

文化というと、着物やお寺など衣装や建造物はたまた、宗教など「わかりやすいもの」を思い浮かべる人が多いかもしれません。しかし、文化は仕事観やケア観など、目に見えない―それでいて生活に密着した―あらゆる場面に関係しています。

それを知らないと、文化が違うだけなのに「嫌な奴だな」とか「失礼な態度だな」と関係を悪くしてしまうことがあります。

1st Stepでは、知っているようで知らなかった「文化とは何か」ということについて取り上げます。加えて、その概念をもとに、人間関係を構築する中で最も重要な「コミュニケーションのとり方」について取り上げます。

第 1 章

意外と知らない 「文化」のこと

日本文化とは何ですか。

「着物」「お寺」「アニメ」・・・日本文化の部分的な特徴や具体例などは誰でも挙げられるかもしれませんが、「日本文化とは」について体系的に説明できる人は少ないでしょう。

そして、「日本文化はこれです」という定義がどこかに書いてあるわけでもありません。まずは、日本文化のように特定の文化について語る前に、「文化」のとらえ方を整理しなければなりません。なぜならば、外国人介護スタッフが「日本人と文化が違う」というのは簡単ですが、その違いを日常的な現場実践のレベルで乗り越えるために、文化について具体的に何がどう違うか、また日本文化にしろ、相手の文化にしろ、ある文化をもつことが何を意味するか考える必要があるからです。

この「文化」という概念は、意外と範囲が広く、形のあるものから、目に見えない様々なものまで含まれています。本章では、その理解を深めていきます。

第1節 そもそも「文化」とは？

最初に、日本文化を例に文化とは何かを把握します。最も重要なポイントは、「文化」とは絶対的な基準があるのではなく、人と環境が影響し合う中で形になっていくものとして理解することです。

1 文化とは何かを理解する

● 文化は「たくさん」ある

「日本文化とは何か」という問いに対して、様々な答えを浮かべた読

者がいるでしょう。例えば、着物や浴衣、お寿司や天ぷらといった服装や料理などを考えた人もいれば、花見やお盆のような年間行事、初詣とお辞儀のような習慣やマナーを考えた人もいるでしょう。

　さらには、「空気を読む」「本音と建て前を分ける」などの内面の価値観を思いついた読者もいるはずです。

　逆に、日本文化と言われても、実際は日常的にスーツやシャツのような洋服を着ているじゃないか、ハンバーグや餃子のような洋食や中華料理を食べているじゃないか、そして、ハロウィンやクリスマスを祝うじゃないか、という疑問を抱いた人もいるかもしれません。

● 文化とはシステムである

　実はどの答えも正解です。日本文化はこれらを全て含んでいます。以下のように、本書では、「文化」をシステムとしてとらえます。

> 　文化は、ある人々の集団が生き方全般に関して共有している考え、価値観、思いのシステムです。これらはその人々の行動を導き、あらゆる習慣、言葉、物を含みます。また、ほとんどの場合において明文化された指示がないまま、世代間で受け継がれています。

　この定義に沿って日本文化を考えると、次のようになります。

　日本文化は、「日本人」という人々の集団が生き方全般に関して共有している考え、価値観、思いのシステムです。システムというと、機械のようなイメージがありますが、ここでは「自然とできた決まりごとやしくみ」のようなものだと考えてください。

　文化はシステムですから、その範囲を線引きできるようなものではありません（図表1-①）。そのため、例えば「日本人」が共有する考え、価値観、思いは、「日本人」という人々の常識やマナー、日常生活や生

図表1-①　文化はシステムである

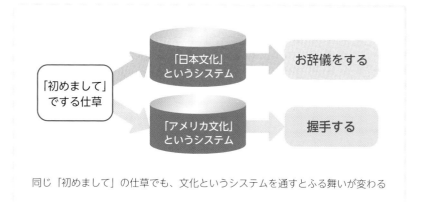

同じ「初めまして」の仕草でも、文化というシステムを通すとふる舞いが変わる

涯の出来事などについてどうあるべきかを規定し、生活様式の物差しになっています。この規定するものや物差しが文化なのです。

　文化というと、これまで見てきたように、「お祭り」「着物」「挨拶の仕方」といった目に見える（耳に聞こえる）ものを想像しがちですが、物事の価値観や規範など目に見えない部分も含まれることがわかりました。したがって、外国人介護スタッフを理解するときにも言語の違いや宗教作法などの目に見えるものばかりに着目しても不十分なのです。

● 文化は明文化されずに受け継がれる

　文化はすべてが明文化されているわけではなく、意図的に学習することで受け継がれているものではありません。「日本文化」も、その大部分が明文化されないまま、世代間で受け継がれてきました。

　例えば、日本生まれの読者の多くは、教科書から日本語を学んだわけではないでしょうし、夏祭りやお正月などの行事の過ごし方、和式トイレや布団などの使い方、日本料理の食べ方なども、解説マニュアルや取り扱い説明書を読んで身につけたわけではないはずです。

● 目に見えない「当たり前のもの」が文化

　筆者のようにこれらを成人してから身につけた人は意図した学習プロセスを踏んでいるかもしれませんが、ある文化の中で生まれた人は無意識的にこれらを吸収しています。

　そのため、文化は、言ってみれば金魚鉢の中の金魚にとっての水のように、その中で自然と育った人々にとって、なかなか見えない当たり前のものになっています。そして、それを通じて外の世界、即ち他の文化を見てしまいます。

　したがって、他人の行動などが、文化の違いによって自分の意見に反することがあります。しかし、これは悪意があって行っているわけではないので、叱ったり諭したりすることはあまり良いことではないのです。これは、外国人からみた日本文化の「変わったところ」についても同じことが言えます。

2　「文化」は変化する

　文化とは目に見えないシステムであるとしましたが、この文化にはどのような性質があるのでしょう。そして、それが外国人介護スタッフの理解にどのように影響するのかみていきます。

● 文化は学び直しも可能

　文化は、遺伝子や「血」などではなく、人同士のかかわりの中で生じています。つまり、文化にはもとから何らかの基準があって、「ここからここまでが文化である」と規定できるものではなく、集団の中で自然に生まれるものということです。

　こう考えると、文化は、個人と環境をセットで考える福祉的な理解ができます。

　そして、文化は、生まれ育った過程において環境から学んできたもの

図表1-②　文化の変化

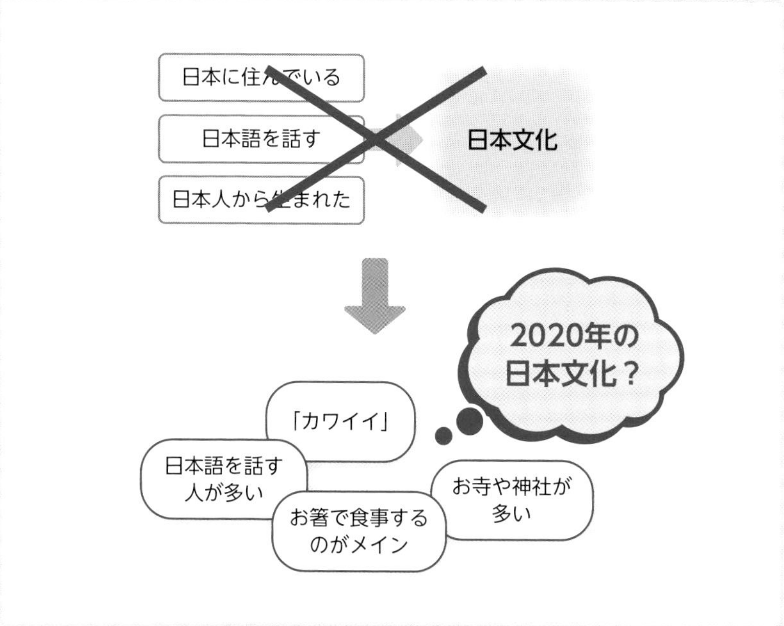

であるため、変化や学び直しも可能な性質をもっています。「あいつは文化が違うから教えても無駄」とか「私は日本文化が染みついているから変わることができない」といったことはありません。

● 単純なマニュアル化はできない

　江戸時代でいう日本文化の範囲と、現代でいう日本文化の範囲は完全に同じものを指しているわけではありません。文化は変化するからです。

　今の私たちが考える「日本文化」はどれほどのペースで変わり続けているでしょうか。何百年と長い時間をかけて形成されてくる印象があるかもしれませんが、これが意外にも早いのです。

　例えば、新型コロナウイルス感染症対策として生まれた新しい生活様式と、日本文化におけるマナーや特に福祉現場への影響を考えるとわかりやすいでしょう。このような社会的な出来事によって、文化が自ずと

変わることもあります。

　他にも福祉的な文化の変化を取り上げようとすれば、「痴呆」はいつの間にか「認知症」に、「利用者」は「お客様」に、「お年寄り」は「高齢者」になりました。業界文化こそ、制度と深い関連もあり、ちょっとした法律改正や啓発キャンペーンであっという間に変わります。

　したがって、「●●人（文化）の人はこうだから、その場合は●●しましょう」といったマニュアル化はできないのです。これはその文化に対する思い込みを強化し、中には差別につながることもあります。

　文化は環境や時代・時間に大きく影響を受けます。ということは、お互い変化できるということです。多くのことは直接お互いに話し合って、どうするかを決めたほうがよいのです。

● 「変化する」には周囲の協力が必要

　文化は人々や環境が作り出す一方で、人々が守るルールにもなっています。つまり、その社会の中で生きている人々にとって、文化は考え方や行動に強く影響しています。

　例えば、それまで誰もしてこなかった服装をした場合、それが流行すれば新しいファッションや常識になるかもしれませんが、流行しなければ、その人は非常識な変人で終わります。

　このように、文化は社会の人々や環境によって影響を受けながら変化しますが、同時に文化はルールとなり、逆に人々の行動にも影響を与えるのです。

　したがって、「変わろう！」と思っても、一人の力では変われないことがあります。つまり、周囲の人々の理解と協力が不可欠で、「みんなで変えよう／変わろう」とする意識が大切です。

　さらに、一施設の中でそのように素晴らしい取り組みがあったとしても、外国人介護スタッフが施設の外、地域に出たときに差別を受けることがあります。これは日本全体の問題で、解決しづらいケースもありま

すが、自治会や市町村に相談しながら理解を深めるなど、地域を巻き込む姿勢があると、ひいてはよりよい職場作りにつながります。

● 同一文化内でも多様性がある

みてきたように、文化は人々の世界観や様々な習慣等を含む生活様式から成り立っています。人々の行動が文化を作り、文化が人々の行動を作る双方向の関係です。

しかし、人々がその文化の様々な価値等をどこまで自分の個人的な価値観として受け入れているかは、個人差があることに注意しなければなりません。例えば、全ての日本女性が熱心に着物の着付けに取り組んでいないことや、日本人が必ずしも常に箸を使って和食を食べているわけではないのです。

このように、同じ文化内でも価値観の差があるため、同一文化のなかでも個別性が存在します。したがって、ある文化に対する日本人スタッフの認識が正しかったとしても、外国人介護スタッフ個人個人に同一の対応をすることは、その人に不快な思いをさせる恐れがあります。

第2節　「目に見えない」文化の影響

1　目に見える文化は「氷山の一角」

私たちの生き方に文化はどれほどのかかわりがあるでしょうか。実は、様々な世界観や生活の隅々までが、生まれ育った文化の影響を受けています。

それを実感するために、文化の影響を受けるものをリストにしまし

た。後の課題に取り組むため、ランダムになっています。

・食べ物や料理　　　　　　　　・芸術、美術や文学

・表情や身振り・手振り　　　　・自己概念やアイデンティティ

・時間感覚　　　　　　　　　　・育児をめぐる考え方

・リーダーシップのとらえ方　　・年齢や加齢に対する態度

・さまざまな年間行事や祝いごと　・友人関係のあり方

・謙虚さに関する考え方　　　　・食習慣やテーブルマナー

・自然界と人間の関係のとらえ方　・職業倫理や仕事観

・美的なセンスや「美」の感じ方　・音楽や踊り

・高齢者の社会的な地位　　　　・服装やそれをめぐるマナー

・話すときなどの対人距離の感覚　・社会的なマナーや礼儀正しさ

・住まいのあり方　　　　　　　・挨拶の仕方

・子どもや若者の役割や責任感　・家族の範囲や役割

・プライバシーの概念

・宗教や信仰とそれらにまつわる様々な習慣と決まりごと

・倫理や正義感と公平性や平等のとらえ方　　　　　　　　　等

　次に、もう一回このリストを辿って、ある人と会ったときに、目で見て表面的に確認できることと、頭の中まで覗かなければなかなかわからないことに分けてみて、その割合を考えてみましょう。たぶん目に見えない側面の方が多いのではないでしょうか。

　このように文化の大部分は目に見えない特徴をもつため、多文化理解において、よく「文化は氷山のようなものだ」という例え方をします。

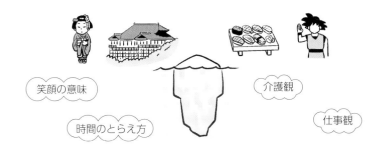

　氷山の大部分が水面下にあるように、文化の大部分も表面下にあります。つまり、表面上の行動の見えない背景に必ずそれを引き起こす価値観や考え方が存在します。

● **二つのワークショップに挑戦**

　以下の二つのワークショップを行うことで、次の三点をふり返り・確認ができます。この自分の文化に対する認識（自己覚知）は、文化の違う外国人介護スタッフと接する際に基礎となる、役立つものとなります。

① 「まずは自分の文化を学ぶ」
② 「その文化がどれだけ染みついているか」
③ 「その文化が自分の中でどれだけ大事な価値観なのか」

ワークショップ1　自分の文化を自己覚知する

①20頁の文化について、下記二つの観点で簡単に頭の中でまとめましょう。

- ● それぞれの文化の項目がどこまで目に見えるか。

- ● それぞれの文化の項目における日本文化の特徴は何か。

②①の作業をしたうえで、「初めて出会った日本文化を知らない人」に対し、それぞれの日本文化の側面について説明することを想像してください。

これらを言語化して説明した場合に、実際どこまで伝わるか、あるいはどのように説明すれば伝わるかについて考えてみましょう。

このような言語化のプロセスを経て、自分の文化に対する自己覚知を促すことができます。

ワークショップ2　自分の文化の学び方／学ばせ方

　同じ文化の中でも個人差があります。ある人の価値観は、文化の他に、家庭や地域など、生まれ育ってきたより近い環境の影響を受けています。さらに個別の好みなどによる違いも存在します。

　もし日本文化の特徴について100人に聞いたら、同じ日本人でも100通りの回答が返ってくるでしょう。同じ文化の中で生きていれば共通点も多いですが、すべての項目について同じ考え方をもつ人はいません。

　したがって、ここでは一般論としての日本文化ではなく、「自分にとっての日本文化」を確認する時間をとりましょう。そのため、以下の質問に具体的に答えてみましょう。

・何語を話しますか。　　　　　　　　　　　　　＿＿＿＿＿＿

・宗教・信仰は何ですか。　　　　　　　　　　　＿＿＿＿＿＿

・どのような音楽を聞きますか。　　　　　　　　＿＿＿＿＿＿

・どのような食べ物を食べますか。　　　　　　　＿＿＿＿＿＿

・特別な機会にはどのような服を着ますか。　　　＿＿＿＿＿＿

・あなたにとって大切な年間行事・習慣は何ですか。　＿＿＿＿＿＿

・あなたの家では礼儀正しいふる舞い方は何ですか（例えば食事のとき、客に対してなど）。　　　　　＿＿＿＿＿＿

・あなたの生活において、核家族（両親と子ども）を越えた拡大家族（祖父母、叔父、叔母、いとこなど）は重要な役割を果たしますか（連絡、会う頻度など）。　　　　　＿＿＿＿＿＿

・あなたの価値観で「正しいこと」と「正しくないこと」は何ですか。　　　　　　　　　　　　　　　＿＿＿＿＿＿

・あなたが一番大切に思っているのは何／誰ですか（人物、趣味、価値、目標など何でも）。　　　　　＿＿＿＿＿＿

● 文化の「身につき方」にはプロセスがある

文化は生まれつきのもの、遺伝的なものではありません。例えば、赤ちゃんはいくら日本人として生まれても、日本語の環境の中で育たなければ日本語は話せるようになりません。

では、どのようにしたら日本人として生まれた赤ちゃんは日本語や日本文化が身につくのでしょうか。この文化習得のプロセスについて以下のような段階があります。(図表1-③)

図表1-③ 文化習得のプロセス

観　察	周囲のやり方を見る
指　示	周囲からやり方を教えてもらう
模　倣	周囲のやり方を真似してみる
強　化	やってみて、周囲からフィードバックをもらう
内在化	やり方を正確に覚え、考えるようになる
自発的な実行	考えなくても、そのやり方が自然にできる

これは何も生まれたての赤ちゃんだけでなく、成人してからも、新しい文化を覚える、あるいは相手の文化を理解し、それに対応するときもこれらのプロセスを踏むことが多いため、新たに外国人介護スタッフを受け入れたときに、日本人スタッフ、外国人介護スタッフ双方に学びの場を設ける際に参考になります。

● 外国人介護スタッフに介護を習得してもらう場合

介護現場でもお互いの文化について扱う際に図表1-③のプロセスを踏みます。

例えば、畳のある施設であれば、外国人介護スタッフは車椅子から畳への移乗介助のやり方について、まずは日本人スタッフのやり方を見せてもらいながら、説明を受けます（観察と指示の段階）。

次に、自分でも行ってみて、日本人スタッフと一緒にふり返りをします（模倣と強化の段階）。これを繰り返す中で、車椅子と畳間の移乗介助の方法を覚え、自分で考えて工夫できるようになります（内在化の段階）。

そして、最終的には、考えなくても自然とできるようになり、身につきます（自発的な実行の段階）。

● 日本人スタッフが外国人介護スタッフの文化について学ぶ場合

逆に、日本人スタッフ側が外国人介護スタッフの文化について学び、合わせる場合は次のようになります。

仮に、勤務中に礼拝場所と時間の確保が必要な外国人介護スタッフがいるとすれば、最初はその場所の設置と休憩のとり方について、その外国人介護スタッフと相談し、適切な手順を見せてもらい、必要な配慮の仕方の説明を聞きます（観察と指示の段階）。

それを踏まえて、施設側は礼拝に使える場所と勤務中の休憩時間の手配を行い、その外国人介護スタッフの意見を聞きながら、礼拝で抜けるときに戸惑わないために日本人スタッフの動き方まで一緒に練習します（模倣と強化の段階）。

続いて、定まった形式に沿って、例えば、勤務表へのメモやドアの貼り紙なども活用しながら、日本人スタッフは「今から○○さんが礼拝で抜ける時間ですね」あるいは「この数分間、あの部屋は礼拝中ですね」と意識できるようになります（内在化の段階）。

最後に、日本人スタッフは特別に意識しなくても、当たり前の日常的な出来事として礼拝をめぐる対応ができるようになります（自発的な実行の段階）。

2　初めて会った外国人への接し方

では、文化は集団で共有しているものと、いないもの（同じ文化でも

人によって違うもの）があるとすれば、初めて会った人に対して、どのように接することがよいのでしょうか。

　結論から言えば、表面的な第一印象や限られた情報で決めつけをしないことと、今ある知識のみに基づく思い込みをしないことです。

● 断定的に考えて話さない

　例えば、筆者は自身の西洋系の顔つきと大きめの体つきからして、「ビール飲みで、好きな食べ物はハンバーグだろう」という想定をよくされます。実際に言われることも多いです。

　このようにアプローチしてくる人にはそもそも西洋文化全般に対する強い偏見を感じるため、例として適切かはわかりませんが、とにかく大外れということを考えるといい気はせず、残念ながらその後の信頼関係を形成する上で相当な妨げになります。私はお酒を滅多に飲まず、牛肉もそれほど好物ではないからです。

　このように、相手に「この人は私について勝手な決めつけをしている」という印象を与えてしまった場合は、関係回復はなかなか難しいです。何年も一緒に働くことになる外国人介護スタッフに対しては避けたいことです。

　ポイントは断定的に考えない、話さないことです。相手にアプローチするときは、「そうだろう」という言い方ではなく、「ビールは好きですか？」といった質問という形式で話題にすることの方が適切です。

● 個別性をもったかかわりが大事

　介護や福祉現場の実践者は利用者に対して決めつけずに個別にアセスメントをすることが得意なはずです。こうした対人スキルは外国出身の同僚とかかわる場面でも役に立ちます。

　外国人介護スタッフの出身国の文化について、事前に調べてわかった

ことでも、それはその人個人に本当に当てはまるとは限りません。

　すべての日本人がお寿司を食べるわけではないと同じように、すべての中国人は餃子が好きというわけではないのです。

● 決めつけを起こさないためのコツ

　決めつけをした言い方をしないために、頭の中でも次のように考える習慣を身に付けましょう。

　それは、頭に浮かんだ相手の文化についての考え方が、目の前の人に当てはまる確率を考えながら話すことです。

　例えば、「日本人は生魚を食べます（寿司や刺身で）」という文化について考えてみましょう。以下の文章では、どれが一番正しいと思いますか？

> 本当に「全ての日本人は生魚を食べる」のだろうか？

> 「ほとんどの日本人が生魚を食べる」のだろうか？

> 「多くの日本人が生魚を食べる」のだろうか？

> もしかしたら生魚を食べる日本人もいるかもしれない。

　これも単純な方法ですが、相手の文化についてせっかく知っていることがあるのに、それを勝手に決めつけることによって相手に不快な思いをさせてしまわないよう、このように見分けることが介護現場でも求められます。

【事例】「見えない文化」の違いへの対応

　専門的な自立支援の徹底を強く意識した介護方針に力を入れてきたある施設では、数週間前から外国人介護スタッフを受け入れています。利用者や日本人スタッフから評判がよく、上手に溶け込んでいるようです。

　しかし、外国人介護スタッフから指導者に「日本人スタッフの介護があまりにも冷たく、これでは利用者がかわいそうです。相手はお年寄りなのに、ちょっとしたことでも代わりにしてあげられない怠慢さを見ていられません」という相談がありました。

かわいそう
やってあげたい…。

1　介護に関する「ケア観」の違い

● 日本の「ケア観」と他の文化の「ケア観」の違い

　この外国人介護スタッフが見かけてそう思った場面は、利用者が自分でできる日常動作（靴や服を履く/着る・脱ぐ、立ち上がる・座るなど）を頑張っているところを日本人スタッフが傍から見ている場面です。

　この施設の介護方針で、利用者には自分でできる日常動作については手を出すことを避け、見守ることで支援することとしていました。

しかし、ケア観が違う文化の視点では、見方が変わってきます。この外国人介護スタッフからすれば、日本人スタッフのこの支援が「冷たい介護」や「怠慢」に見えたのです。これは、母国の文化的な規範が背景にあります。

若い人、まして介護職員は年上の人や利用者のためにてきぱきと動いて、なんでも代わりにしてあげることがその文化の常識でしょう。

高齢者に対してこのような接し方が当たり前の文化をもつ国はアジアに多いです。日本の伝統的なケア観もそうかもしれません。しかし、介護保険制度などによって自立支援の考え方が導入され、専門職の間では「できることはできるだけやってもらおう」という考え方が根づくようになりました。当初は学問的に言われていたことが今度は業界文化として浸透しているというのは、文化が変化することを述べた第1節2（17頁）の通りです。

● 車椅子利用の例

例えば、筆者は東南アジア諸国に出張する度に、高齢者の人口割合が日本の方が多いはずなのに、現地の空港で車椅子を使う人が多い印象を受けます。

車椅子を絶対必要としている人以外でも、年齢やちょっとした歩行困難によって、すぐ乗ってくださいという高齢者をもてなす文化の影響が強いのでしょう。これは、介護保険制度の下で動いている今日の日本の専門的な現場では考えにくいです。

この車椅子利用の例は、ある種の敬老の精神として評価できるよい態度ですが、日本の専門的な介護現場で求められる考え方とは異なり、事例のように誤解の原因になりやすいのです。

● 「進んだ」「かつての」で見ない

筆者はこのような考え方がある国々について「まだ」や「残っている」という表現を意図的に使っていないことに気づきましたか？

つまり、片方の文化が「遅れている」（すなわち劣っている）という価値判断や優越感を避けないと、対等な相互理解にならないのです。

優劣をつけるよりも「平等でありながらも、たまたま違うだけ」というとらえ方をすることが、尊重し合う上で重要です。

● 相談をしてきた外国人介護スタッフへの対応の枠組み

さて、対応の仕方を考えましょう。多文化誤解を解く方法として、基本的に次の枠組みに沿って対応します。

①解釈が異なる場面、行動や出来事を具体的に特定する
②日本側と相手側のそれぞれの解釈、視点や思いを整理する
③それぞれの解釈の背景にある文化的な規範を探る
④お互いの文化的な規範と思いを尊重し合えるためにそれぞれができることは何かを考える

事例で問題となった場面は「利用者が日常動作を行っているときに日本人介護スタッフは代わりに動かず、見ているだけ」でした。日本人スタッフと外国人介護スタッフのそれぞれの解釈はどうでしょう。

日本人スタッフはそれを「専門的な介護」、外国人介護スタッフは「冷たい介護」や「怠慢」としてみていました。

それぞれの見方の背景にある専門的な価値観や文化的な規範は、日本サイドでは「残存能力の向上・維持が重要」、外国人介護スタッフの中では「高齢者をもてなす敬老の精神が重要」などが考えられました。

● 対応の仕方

　お互いの立場を尊重するために次の取り組みをしてみましょう。

　日本人スタッフは、自立や残存能力に支障をきたさない部分でおもてなしの動きを意図的にすることです。これは、外国人介護スタッフのみでなく、利用者の関係向上にもつながります。

　外国人介護スタッフは、自分でも日本側の介護スタイルを試し、利用者の長期的な利益を念頭においた介護を実践してみれば、日本人スタッフの思いに対する理解が深まります。

　つまり、話し合いを通じてお互いの立場を理解した上で、相手の立場に立ち、少しでもお互いの文化の基準で実際に動いてみることで、バランスのとれた状態を一緒に築くことができるのです。

2　「すれ違い」の起こりやすい文化の側面

　最後に対人援助や職場関係のような親密なかかわりの中で、すれ違いの原因になる可能性の高い文化のいくつかの側面に焦点を当てます。

　これを、日本人スタッフは、外国人介護スタッフ受け入れの初期の段階で彼らと一緒に考えることをおすすめします。

　あらゆる摩擦の背景にしばしば以下の大きな世界観にかかわる文化の違いがあることを忘れないようにしましょう。なお、ここで取り上げる項目は文化について完全に網羅したものでもなければ、各項目ははっきりとした線引きがあるものでもありません。むしろ、相互に影響し合うものも多く含まれています。

・年齢に対する態度

　それぞれの世代（子ども、若者、高齢者など）の社会的な地位や扱い方、年功序列の有無とその程度などが含まれています。例えば、本節の

事例では高齢者に対する態度の違いが問題になりました。

・運命の概念
　自力を信じるよりも運命思考が強い文化は、積極性や自発性、自己決定や自助努力よりも、消極的で受け身の姿勢が先行します。

・人間の本性の見方
　人間を本能的に善か悪か、どうみているかによって、自由やルールの考え方、人々の間の信頼や信用が変わってきます。

・変化に対する態度
　新しい物事に臨む姿勢は、保守性と革新性、すなわち伝統重視と向上心などに影響を及ぼします。

・リスクに対する態度
　試行錯誤をし、新しい挑戦を試みる姿勢に深い関係があります。

・苦痛や不幸に対する態度
　社会的に自然な状態として認められる心身の正常状態は文化的に定められており、痛みや悲しみの許容範囲と期待される元気や明るさが異なります。それによって様々な支援などを求める・与える姿勢が異なります。

・面目の概念
　社会的な評判や建前を重視し、恥を気にする考え方の度合いに応じて、本音による内容重視のコミュニケーションの程度が決まります。

・自己価値の由来

　社会的な地位や周囲の人々から尊敬される基準は何か（出自、年齢、職業、収入など）によって自己肯定感や動機づけも決まります。

・平等の概念

　階層などの違いに伴い、人々はどの社会的な価値や地位を与えられているかによって、人々のかかわり方、お互いの扱い方に差が見られます。

・形式的な礼儀に対する態度

　対人関係における距離感や慣例上のマナーによって、どのような関係において何がどこまで許されるかなどの話し方、人の呼び方、望ましいマナーの有無と礼儀作法の堅苦しさが違ってきます。

・現実主義の度合い

　簡単に言えば、楽観思考と悲観思考、またそれらに起因する行動様式の違いを意味します。

・行動主義の度合い

　ここでは、理論と実践のバランスが問われ、話し合い（説明や解説）か実用性が重視されるかによって考え方や様々な課題に対する取り組み方が大きく変わります。

・自然界の見方

　自然の神秘性やそれに対する人間の影響力に関する信念によって自然とのかかわり方、自然現象に対する対処行動の積極性に差が生じます。

これらは多くの場合に宗教を含む文化に左右されます。この根本的な世界観において、外国人介護スタッフと日本の組織やスタッフの考え方を確かめることによって、お互いの価値観の根底にある文化の立ち位置に対する理解を促すことができます。

　なお、本書全体にわたっては、これらの側面をベースに、介護の職場と特に関連の強いものについて解説していきます。

第 2 章

言葉の遣い方

言葉は言葉通りに伝わらない

● 「すみません」はどんな意味？

　利用者に「お茶を飲まれますか」と質問したら、「すみません」という答えが返ってきました。読者の皆さんはどのように解釈しますか。

　「お手数をかけますが、頂きます」という意味になる場合もあれば、「ありがたいですが、今は結構です」という意味の場合もあります。

　「すみません」という言葉は通常、謝罪の表現であるため、飲食物を要るかどうかの問いに対して、曖昧な表現です。しかも「すみません」の本来の直接的な意味が「これだけでは済まない」ということを考えれば、さらに理解の幅が広がります。

　このような簡単な一言でも正確にキャッチして理解するためには、様々な暗黙の了解や予備知識を共有している必要があり、実際に発された具体的な状況と文脈に対する高度で正確な理解力が求められます。

　そして、異なる文化をもつ人々がかかわり合う場面では、さらに複雑なことが起きます。つまり「文化」はまさしく共通の予備知識や暗黙の了解として人々のやり取りの理解を促すような役割を果たしていると言えます。

● 人は「コミュニケーションしない」ことはできない

　このようなコミュニケーションは、言葉などの音声情報、身振りや手振りのような視覚的な情報、文字情報などを含みます。

　そして、私たちは「コミュニケーションしない」、すなわち何のメッ

セージも送らないということはできません。仮に何も話さないようにしようとする場合でも、着ている服装や身だしなみ、表情、視線、姿勢などが物事を語ってしまっていて、周りの相手はそれを何らかの形で解釈しています。

何を考えているのだろう？
怒っている？
昨日のあのことかな…？

●「日本語ができる」だけでは不十分

　対人コミュニケーションの際に実際に伝わっている意味は、発信者の意図（伝え手が伝えたい意味）と受信者の解釈（受け手が読み取っている意味）の何らかの組み合わせから成り立っています。両側の伝え方と読み取り方が一致しなければ、コミュニケーション上の誤解などのトラブルが生じます。

　このコミュニケーションのルールは文化によって異なるため、外国人介護スタッフの日本語能力が高くても、コミュニケーション上のトラブルが生じる可能性があります。

　したがって、多文化理解においてコミュニケーションに関する体系的な知識とスキルは重要な役割を果たします。

●「文化の違い」で起こること

　これまで文化の違いをあまり意識したことのない人が、無意識に自分とは全く違う文化の人と接すると、いろいろな摩擦や困難が生じることは当然です。

　その摩擦や困難が生じるとどんなことが起こるのか、下記のように整

理できます。そして、本書ではこれらを解消していくことを目的にしています。

・不安感

　これまでお辞儀の文化しか知らない人が、ハグや握手などの違う文化の人と相対するとき、あいさつのときに自分の知らないあいさつ方法をとられるのではないかと不安になることがあります。

　このように、お互いのコミュニケーション方法を知らないと、メッセージの発信と受信において違和感を覚えます。やり取りの中で、相手を読めない、理解できない不満が溜まります。

　その反面、自分が何を期待されているか、どのようにみられているか、どのように受け取られているかの心配もあります。先ほどの例で行くと、お辞儀をして、握手やハグをしないあいさつが「相手に失礼とか、よそよそしいととられたりしないか」といった不安です。

・類似性の想定

　お辞儀文化と握手文化の人同士が会う場合、それぞれが自分の挨拶方法を通そうとすると、必ずギクシャクします。

　このように、コミュニケーションのルールが違うことを十分に考えず、自分の文化の基準に沿ってコミュニケーションをとろうとしてしまうと、誤解と関係悪化につながります。

・自民族中心主義

　自分の文化よりも大きな声を出すことが一般的な文化の出身者に対して、「何々人はうるさい」と判断することなどを「自民族中心主義」と言います。

　これは、自分の文化を物差しに相手のコミュニケーションについて判断を下すことです。自民族中心主義は、相対的な見方を欠き、主観的な

根拠しかないまま自分の優越感と相手への劣等な扱い方を強めるため、差別の温床となります。

・固定概念や先入観
　例えば、日本語より距離感が近いと思い込み、外国人の相手をいきなりファーストネームで呼び捨てにすることは適切な相互理解と信頼関係形成の妨げになります。
　このように、文化の異なる相手に対する無意識の偏見に基づく思い込みは控えたほうがよいです。

・非言語的な側面の誤解
　意図的にコントロールしにくい身振りや手振り、表情など、体や顔がふと出してしまうサインは、文化によってその解釈の仕方や許容範囲が異なります。
　そのため、相手にとって失礼な仕草である場合、ネガティブなメッセージを発し、トラブルの原因になる場合が少なくありません。
　例として、日本では会議や式典などで偉い人の話を聞いている際にその人の方を見るよりも視線を自分の前に向けることや目を瞑ることはよくあります。文化によってはこれが「聞いていないのか」「興味がないのか」などのように解釈されてしまう可能性があります。

・言語
　相手との文化が違う場面でそもそも何語を使うのか、丁寧さのレベルや言葉選びをどうするかなど、言語の役割や機能に関する理解とその使い方に対する感受性が足りなければ、コミュニケーションの重要な手段の一つであるはずの言葉が、むしろその阻害要因になってしまいます。

　本章では特にこの最後のポイントに焦点を当て、言語によるコミュニ

ケーションについて多文化の視点で整理します。そして、非言語的な側面における文化的な違いをめぐる諸問題は第3章で扱います。

第2節 やってしまいがちな外国人への言葉遣い

　外国人相手の場合、「何を伝えるか」、あるいは「どのように伝えるか」以前に、それにあたってそもそも「何語を使うか」、あるいは「言葉遣いをどうするか」ということが問題になることがあります。

　例えば、日本人スタッフの中で、様々なことを自分なりに考え（あるいは逆にあまり考えず）、結果的に英語、ため口、敬語などを使うことがあります。その中で、外国人介護スタッフに良心的に接しようとしているにもかかわらず、摩擦が起きてしまったり、ニーズに応えられなかったりすることがあります。なぜでしょうか、順番でそれぞれのパターンをみていきましょう。

1 英語を使う

　海外経験のある人は、言葉が通じないことで最も困った自分の体験などを参考に、外国人介護スタッフに親切にしようと考え、英語を使おうとすることがあります。

　これは悪気がなく、むしろ「頑張って英語を使おう」というかなり良心的な選択です。しかし、残念ながら外国人からの受けは良くない場合があります。皮肉なことに、これはある程度の国際感覚が身についている人ほど直面しやすいジレンマなのです。

● 「外国人＝英語」という思い込み

　世界共通言語と思われているとはいえ、母語が英語でない場合、多く
の日本人と同じように、外国人介護スタッフも英語の学習経験が充分で
ない、もしくは得意ではないことがよくあります。

　実際に、介護施設で働く外国人介護スタッフは英語力が低いことが珍
しくありません。

　日本に移住を決心する外国人の多く、まして他のアジア諸国から介護
の仕事を選ぶ人々の多くは、準備して日本を目指すため、日本語力の方
が英語力を上回ることがしばしばあります。実際に国際的な介護業界と
労働移動の中で、英語能力の不足を理由の一つに、英語圏ではなく日本
を選ぶ人も多いのです。母語で話しかけてもらえるならまだしも、英語
ではあまり助からず、むしろ日本語より不得意な会話を強いられること
になります。

● 「プライド」への配慮

　次に、気持ちの問題もあります。頑張って身につけてきた日本語力を
無視されているようで、プライドが傷つく人もいます。面白いことに、
習った英語を一生懸命に使おうとしている日本人側でも同じ心理が働き
ます。

　このような場合を考えると、相手を思ったゆえの英語の使用であって
も、無意識ではありますが、英語を話したがる日本人スタッフの「自己
満足」となってしまいます。

● 実は合理的ではない

　最後に、目的合理性の観点があります。

　慣れていない人が無理やり英語を話そうとする場合、基礎的な単語し
か英語にならないことが見受けられます。

　要するに、日本に生活の基盤を移している外国人介護スタッフなら、

日本語でも通じるはずの単語だけが英語に入れ替わっていることになります。

　さらに、日本語と英語がわかりにくく混ざってしまい、むしろ円滑なコミュニケーションに支障をきたすことがあります。すべて日本語であれば、ほぼ完ぺきに伝わったかもしれないということを考えると、非常にもったいないことです。

２　出会ってすぐにため口を使う

　残念なことに、外国人介護スタッフだからといって、日本人同僚よりもくだけた言い方が許されると思っている、もしくは、この程度で十分、あるいはわかりやすいだろうから、むしろそのような言い方にすべきなどと思い込んでいる人もいるようです。

　思い込みといっても、よくも悪くも特に何も考えず、外国人相手に対してふとそうなってしまう人もいます。

● 場合によっては差別ととらえられる危険も
　しかし、これは仕事環境の悪化につながる重大な問題に発展してしまうかもしれません。というのは、ため口は、当事者や周囲の人には子どもやペットに話しかけているようにみえ、差別あるいは人権侵害として判断されてしまう可能性があります。

　そのような場合は、積極的に学び、仕事ができる雰囲気ではなくなります。

　つまり、意識的・無意識的を問わず、あまり深く考えていない言葉選びはするべきではありません。

● 差別用語は当然NG
　いうまでもないことですが、「よそ者」や「仲間はずれ」の排他的な

ニュアンスのある「外人」という表現はNGです。

　これ以外にも外国人介護スタッフ全般、あるいは特定の文化・国籍に対する相応しくない差別用語に注意する必要があります。むろん、このような言葉はスタッフのみでなく、利用者が発してしまう場合もあります。その対応については第10章を参考にしてください。

3　敬語や専門用語を多用する

　英語を使おうとする人と同じように外国人介護スタッフのことを良心的に考え、できるだけ敬意を払おうとして、敬語の表現を積極的に使う人がいます。

　他にも、性格や普段の言葉遣いからして、このような多文化的な場面でも思わず丁寧な言葉を使う人もいます。

　また、あえて「差別を避けるために日本人と同じ以上に」ということを強く意識することもあります。

● 「敬語」はとても難しい

　これらの態度は、一般論として高く評価するべきで、ある意味で人格者の特徴です。しかし、難しい尊敬語や謙譲語を多く使うことは、情報伝達の手段として相応しくないことがあります。

　敬語を理解するために、相当な語彙力と文法力が必要です。例えば、「見る」は、一つの単語に加えて、敬語の場合「ご覧になる」や「拝見する」という言葉も知らなければなりません。

　また、文法レベルでも、動詞活用の様々なルールの理解が求められます。仮に「読む」という動詞を例にとると、「お読みになる」「読んでいただく」「読まれる」「お読みする」「読ませていただく」などのように複数の尊敬語と謙譲語が存在し、特化して学習や訓練を踏まない人にとっては理解と区別は容易ではありません。

かつ、これらにさらに「拝読」など、特殊な語彙も加わります。

● 相手の理解を越えた敬語表現や専門用語はNG

とにかく、当事者が理解できるレベルを越えた表現は、いかなる目的でも、よい印象を与えるどころか、逆に相手を戸惑わせる原因になります。

他にも、高度な専門用語の利用にあたっても同じ配慮が求められます。

なお、敬語などのフォーマルな表現の使い方の範囲は文化によって異なります。例えば、日本語よりも柔軟な言語の場合は、姓よりも名で呼んでもらうくらい親しくしてもらえないと冷たく感じる人がいます。

逆に、日本語以上に形式にこだわる文化をもつ人は、単なる「さん」付けではなく、日本人スタッフに対して「先生」やより正式な役職名などの肩書きを使いたがる文化もあります。

このような人が職場にいる場合は、おそらく日本人スタッフ側が堅苦しく感じる表現を使うことが多いでしょう。

第3節 外国人に対する言葉の遣い方

「英語もダメ、敬語もため口もダメ。では、どうすればいいんだ！」と思うかもしれません。しかしこれは単純な話で、コミュニケーションをとる相手に合わせることが重要です。

1　最も大事なのは「日本語能力の確認」

　第一に相手の日本語能力がどのくらいなのかをしっかりと確認することです。その人に悪意があるかどうかを問わず、正確な情報収集と状況把握に基づかない判断は間違っている可能性があります。

　多くの場合は、普通の「です・ます」調を使うことが効果的です。これは、学校で日本語を習う人の多くが、最初に学ぶ最も「無難な」話し方と一致するからです。

　ただし、日本語学習の形態も多様化している中、この選択肢が必ずしも正しいわけではなく、やはり基礎的な相手理解の手始めとして、日本語能力のアセスメントが重要です。

　それに加え、日本語以外の言語については、歓迎時の温かい気遣いの象徴として、母語の挨拶ぐらいに留めておくことがおすすめです。

　本書で強調してきているように、相手理解は単純な決めつけや自分勝手な思い込み、また自己満足の老婆心ではなく、相手の世界観と価値観、つまり相手の文化的なニーズの把握から始まります。

　このような情報収集を欠いて自分の都合や不確かな情報をもってなんとなく接することは、まさしく偏見です。

　そして、このような偏見に基づいた行動が差別になってしまい、関係を悪くしてしまうのです。言葉遣いを選ぶ際にも気をつけましょう。

2　「対等な関係」を意識する

● 日本語能力の低さは知的能力の低さではない

　いうまでもないことですが、日本語能力は知的能力を反映しているわけではありません。自分の考えを不得意な言語で自由自在に表現できないからといって、子ども扱いをするなど、上から目線の態度は避けま

しょう。

● 日本語能力を褒めることも控えよう

　一方、相手の日本語を褒めることも控えた方がよいです。喜ぶ人もいるかもしれませんが、自尊心が傷ついてしまう人もいます。なぜならば、言葉の構造上、褒めることは、「評価する側」と「評価される側」の上下を作り、対等な関係を壊してしまうからです。

　褒める前に、自分は本当にその人を評価する立場なのか、褒められたら相手はどのような気持ちになるのか、必ずふり返ってみましょう。自分の母語は日本語だからといって、無意識に相手の上に立とうとしてしまうのは適切ではなく、褒める＝評価する立場の正当化にはなりません。

● 「悪意」がなくても傷つける

　発する言葉は、話し手の伝えたい内容そのもの以上に、快・不快など聞き手に与える心理的な効果があります。また、お互いの関係性に影響してしまう社会的な効果も伴うことを忘れないようにしましょう。

　学歴を問わず、普通に日本に住んで、普通に日本で働いて、普通に日本語を話す人が大勢おり、介護・福祉現場の外国人スタッフもその中に含まれます。日本で働くために教育を受け、日本に住んでいる人は、仕事を含む日常生活の中でいきなり日本語を褒められる度に「外の人」としての社会的な立場が強化されてしまいます。

　こうしたことは、当然、悪意があって行われるわけではないと思います。たいていの場合、何も考えていなかったり、善意である場合もあるでしょう。しかし、それが相手を傷つけてしまうことや立場を弱めてしまうこともあるため、何がダメで何がよいのか、本書でも学んでいきましょう。

　言葉の役割は報・連・相、つまり情報伝達の手段と思われがちです。しかし、相手を褒めるか・褒めないかという問題からもわかるように、言語は単なる情報伝達の手段を越えています。

　例えば、A介護職がB介護職に「掃除をしてほしい」と依頼すれば、その言葉は掃除をしてほしい情報を伝えるだけでなく、実際にBを掃除に向かわせる力を含んでいます。そして、同時に、この二人は、Aが言うとBが従ってくれる関係性があることもわかります。

　このように、言葉を発することは、自分や相手を、そして周りの世界を名付ける社会的な行為でもあります。特に、多文化の場面において、使う言葉によってお互いの立場性が決まるため、気をつけないと差別などの原因になってしまいます。

1 言葉の「力」に気をつける

　私たちは周りの世界について情報を伝えるために言葉を使いますが、実は私たちが話す言葉もまたその世界を作ります。

　話す言葉は、必ずしも客観的ではなく、周囲に対する私たちの解釈と判断によってその内容が変化します。

　言葉をどう解釈するかは文化によって違うため、相手のおかれている状況や文化的な文脈を十分に知らないまま相手について発言する場合、不適切な決めつけや差別発言になってしまうリスクがあります。

　例えば、日本以上に年齢差による階級意識を気にする国であれば、年上の日本人スタッフの何気ない言葉に必要以上に縛られ、気を病んでし

まう外国人介護スタッフがいるかもしれません。

● 言葉が「世界観」を作ってしまう

　言葉の内容だけでなく、そのニュアンスが現実世界に影響を及ぼすこともあります。

　例えば、ある人を呼び捨てにすることで、その人との距離が縮まり、親しくなれることがあります。実際に、友人関係や恋愛関係がこのように発展します。

　逆に、状況が違えば、同じ呼び捨ての表現がその人の立場を下げることになります。

　このように、言葉は、その内容や直接的な意味以上に人々を縛り付け、世界観と関係性を作っていきます。同じ文化であれば大して気にならないかもしれませんが、多様な文化をもつ外国人介護スタッフがいる場合は、その言葉の力、具体的には「自分の言葉が相手や職場環境にどんな影響を及ぼすか」をより敏感に感じ取る必要があります。

2　どのような言葉に気をつけるべきか

　では、どのような言葉に気をつけるべきでしょうか。言語的な感受性を身につけて、以下の好ましくないパターンを防ぎましょう。

・排除する言葉

　日本に住む全ての人に関連のある話の際に、「国民」や「我が国」を使うと、外国籍の人を排除する言い方になってしまいます。このように、ある表現がその直接的な意味からしてある特定の人々を無視する場合があります。

　また、文化の違う相手との日常会話の中であまりにも「日本では」や「日本人は」という説教的な表現を多用してしまうと、「あなたは外国人

だからわからないよね」という排他的な印象を与えてしまいます。

・人格を奪う言葉

　例えば「Aさん」について話しているのに、「外国人介護スタッフは」「彼ら・彼女らは」「〇〇人は」「この（その・あの）人たちは」という言い方をすることは「人格を奪う」言葉です。これは、個人としての尊厳を奪っています。本人の前で使う場合は、相手が「勝手に他の人と一緒にされたくない」という気持ちになりやすいです。

　具体的に誰かについて話しているときに、その名前などを使って個別化した呼び方をしましょう。

・烙印を押す言葉

　他の文化などについてネガティブな価値判断を伴う表現が含まれます。例えば、柔軟な時間間隔を「アジアンタイム」と呼ぶ人がいます。これには第一に見下しているニュアンスがあり、かつ「日本はアジアではない」という優越感も無意識的に背景にあります。そのため、日本以外のアジア人に対する差別を助長してしまう可能性があります。

・ステレオタイプを強める言葉

　過剰な一般化に基づく固定概念がベースにある表現です。多文化の場面において相手の「国民性」をあまりにも強調するパターンがあげられます。これは肯定的な内容でも否定的な内容でも、当てはまらない人にとって苦痛を与え、周りの偏見を強めます。

　例えば、ラテン系の人は陽気でパーティが好きというステレオタイプがありますが、実際にラテン系の人に対して常に「ラテン式」を話題にすることは問題です。同じく、ラテン系の人について話すときに「ラテンだから」などとごまかすことも不適切です。

　日本人相手に対して芸者の話題を頻繁に出す、あるいは「侍精神」と

よく決めつけるのと同じです。

　ネガティブなものとして「○○人は律儀」「○○人はアバウト」「○○人は自己主張が強い」「○○人はストレート」「○○人はうるさい」などがあげられます。このような「○○」に入る国名については読者が自己洞察してみてもいいかもしれません。

・差別を正当化する言葉

　このような言い方はある特定の人々に対してみんなと異なる扱い方を許してしまいます。例えば、外国人介護スタッフを「助っ人」や「外人」と呼ぶことは、組織内で一人前の職員として認められていないと感じさせていることにつながりかねません。

3 「言い方」に気をつける

● 準言語コミュニケーション

　最後に、「準言語」と呼ばれるコミュニケーション領域について簡単に確認しましょう。準言語コミュニケーションは、「言葉をどのように言うのか」その言い方のことです。

　具体的には、話すスピードやボリューム、声のトーンやイントネーション（強弱、長短、抑揚など）のことです。このような準言語コミュニケーションもメッセージを伴い、場面によっては言語そのものよりも重視されます。つまり、「何を言うか」と同時に「どのように言うか」も重要です。

　例えば、「静かにしてください」という言葉でも、相手に小さい声でささやきながら言うか、怒鳴って言うかによっては、その意味と受け取り方がかなり違ってきます。

　そして、言葉の内容よりも準言語の意味の方が優先されやすいです。例えば、厳しい口調の人が、いくら優しい言葉を使っても、相手は優し

い声かけとしては解釈しないでしょう。

● 準言語コミュニケーションも文化で異なる

この準言語的なメッセージのルールも文化によって異なります。

そのため、外国人介護スタッフを受け入れた際には、話す速さや声の大きさなどが伴う意味について話し合い、お互いの文化における準言語の感覚について確認することが望ましいです。

例えば、日本的な文化と比較して、早口になりやすい文化の人もいれば、逆にとても遅く感じられるスピードで話す人もいます。また、声の大きさについても、日本人より大声を出す国もあれば、そっと優しくしか話したがらない国もあります。

第5節　【事例】
指導時の言葉遣いの違い

　ある施設では、AさんとBさんという外国人介護スタッフ二名を新しく迎えました。

　業務に慣れてもらうために、それぞれ日本人スタッフのCさんとDさんの指導の下でのシフト配置となりました。

　しばらくして、Aさんと比べて、Bさんは不正確な業務やミスが目立っており、受け入れの責任者であるフロアリーダーは心配していました。

　１か月後、新しいシフト編成で、AさんとBさんの担当を入れ替えたら、今度は逆にBさんは大幅改善がみられ、Aさんの作業レベルが伸び悩みました。

　フロアリーダーは状況把握のためにそれぞれのペアのやり取りを視察しましたが、AさんとBさんに指導する際にCさんとDさんの話し方

にあらゆる違いがあることがわかりました。

では、CさんとDさんの話し方の違いには、どのようなものがあったのでしょうか。

● Dさんの場合

Dさんは日本人スタッフ同士の話し合いと比べて、英語やカタカナに置き換えた言葉が多くなっていることがわかりました。

Dさん自身にその理由を尋ねたところ、「私は学生時代に数か月の語学留学の経験がある。他の日本人スタッフより英語ができることを活用してBさんに高い専門知識を伝えたい」とのことでした。

さらに、Dさんは留学先での差別的な体験があったため、外国人介護スタッフは絶対に日本人と同じように扱う、できるだけ丁寧に話しかけることも決心していたこともわかりました。

そのため、外国人介護スタッフと話すときは自分については謙譲語、相手については尊敬語を使いました。例えば、指示する際も「●●していただきたいと思います」や「●●してくださいませんか」などの敬語等表現が多くなっていました。

しかし、AさんやBさんの本音を聞くと、二人は母国での英語学習経験も少なく、日本語で説明してくれた方がわかりやすいと話してくれました。

ただ、Dさんは目上の人にあたるし、あまりにも熱心に教えてくれる

ため、声を上げづらかったとのことです。実際にはよくわからない、実はあまりついていけないと明かしてくれました。

● Cさんの場合

　CさんはDさんより職歴が浅い若手職員で、語学経験も少ないため、外国人介護スタッフに対して英語表現も専門用語もあまり使っていませんでした。

　また、Cさんは体育会系の部活経験があり、先輩・後輩関係を強く意識する性格で、多少厳しく聞こえても、自分の後輩に当たる外国人介護スタッフに対して、遠慮なく「●●してください」などと簡潔に指示を出すようにしていました。

● Dさんに悪気はなかった

　第2節で述べたように、相手の英語能力を把握せずに中途半端に英語を使用することはかえって外国人を不利にしています。また、敬語、専門用語の多用も、日本語に不慣れな外国人にとってコミュニケーションを難しくしています。

　ただし、Dさんも悪気があってそうしたわけではありません。過去の自分の体験からベストと思う行動をとりました。

● 合理的な方法をとる

　しかし、「悪気がないから仕方ない」と対策をとらなければコミュニケーションがうまくとれず本末転倒です。

　一生懸命日本語を学んできたのに、全く通じないタイプの日本語を話され続け、対策もとられない…となれば、それがその施設全体への不信感につながることもあります。そしてこれではなによりも学習効果がなく、非効率的です。

● リーダーがとった対策法

リーダーは、日本人スタッフCさんの話し方の方が２人の学びのためになると判断し、それを施設内スタンダードとして普及させることにしました。

まず、Cさんによい見本として登壇してもらい、日本人スタッフ向けに外国人介護スタッフの指導と教え方に関する研修会を開きました。

Dさんには、善意で行っていたことに対し感謝とねぎらいの言葉をかけたうえで、外国人の言語理解についての説明（Cさんのやり方の方が効果的であること）をしました。

このように、外国人に対する配慮には、善意でやっていたことが裏目に出ることが多々ありますが、それに対して叱責したり責め立てるようなことはしないようにしましょう。「悪気があってやったわけではないのに」と反発される恐れがあります。

日本人、外国人双方が納得し、よりよい職場を作るには、日本人職員のとった行為に対し、その善意は尊重しながらも、行為自体に合理性がない場合は見直しましょう。

非言語コミュニケーションの使い方

第1節　多様な非言語コミュニケーション

● お辞儀はマナー？無礼？

　利用者が退所するとき、施設の玄関で皆さんはどのように見送りますか。

　最後のお別れの言葉を交わした後、相手が乗り物に乗ってから去っていくまで、スタッフがお辞儀の姿勢でいる施設も多いでしょう。このように視線と頭を下げ、腰を深く曲げることは感謝の気持ちを表し、最も丁寧な敬意の示し方の一つであるからです。

　しかし、この日本のマナーを知らない人は、相手と別れる際に、明るい笑顔で手をふるどころか、顔や視線を合わさないことを失礼に感じる人もいるのです。

● 非言語コミュニケーションも文化に影響する

　前章では言語を中心に多文化場面におけるコミュニケーションについて整理してきましたが、本章では声や文字ではなく、顔や体が発するいわゆる非言語的なコミュニケーションについて確認していきます。

　冒頭の例のように、非言語的なコミュニケーションも文化によってその発信と受信の方法やルールが違います。また、ある文化の中でも、お互いの立場（性別、年齢、上下関係など）や場面（家庭、学校、職場、役所など）に応じて、相応しいと思われる内容や方法の範囲が異なります。

　したがって、あらゆる摩擦を避けるために、文化の違う相手が発する非言語的なメッセージをどのように解釈すればよいか、逆に自分が発する非言語的なメッセージが文化の違う相手によってどのように解釈されるかを把握する必要があります。

介護現場でも、日本人スタッフと外国人介護スタッフの両側の自覚が求められます。日本人スタッフは、ともに働く際や教える際に外国人介護スタッフを読み取り、彼らにわかるように非言語的なメッセージを送らなければなりません。同じく、外国人介護スタッフも日本人利用者を相手に非言語的なコミュニケーションについて普段以上に意識し、必要に応じて合わせることが期待されます。

● 文化理解に非言語コミュニケーションが大事な二つの理由

　非言語的なコミュニケーションが大事な理由として、次の二点が挙げられます。

　第一に、私たちは相手が発している言葉よりも非言語的なサインを優先して解釈しがちなことです。例えば、痛そうな表情で腹部を抱えた前屈み姿勢の人が、いくら「大丈夫です」と言っても、誰も信じません。

　第二に、非言語コミュニケーションの多くは無意識に行われるため、意図しないところでトラブルになることです。

　意図的に努力しない限り、コミュニケーションの非言語的な側面は、言語よりも意識化しにくく、無意識のうちに体や顔が本能的に動いてしまうのです。

第2節　顔の表情やジェスチャー

　表情は、頭や首、額や眉などの目の周り、鼻、顎、その他の顔の部分の動きによって意味が伝わります。また、ジェスチャーは指や手、腕や足、体全体を動かすことでメッセージを与えます。

　文化の異なる外国人介護スタッフと理解し合うには、表情やジェス

チャーに関するお互いの文化について次のようなことを観察し、確認し合うことが重要です。

1 笑顔の多様性

● 笑顔の出すメッセージは文化によって違う

笑顔は表情の中でも特によい関係を作る・保つために使われることが多いです。笑顔はとても強い非言語的なメッセージの一つです。

そのため、文化によって笑顔の使い方とルールが異なると、お互いの印象を悪くしてしまうなど、関係に悪影響を与えることもあります。

日本は比較的、笑顔の多い国です。サービス業などにおいて日本の笑顔に慣れていると、日本ほど笑顔が多くない文化の接客を冷たい、失礼、質が悪いなどと解釈しがちです。

● 日本の笑顔もすべて好意的という意味ではない

では、日本の笑顔は本当に好意的でしょうか。サービス業や窓口を例にとっても、実は必ずしも肯定的な意味ではありません。できない、相手の意思に沿えない、申し訳ない、自分が力不足や恥ずかしいなどという場合にも日本ではよく笑顔を使います。

この「自分の思う通りにしてくれないのに微笑んでいる」パターンは一部の文化の出身者には「共感を欠いている」や「自分の不幸を笑っている」ように見え、不快な印象を与える可能性があります。

● 介護現場での指導者側の笑顔の注意点

笑顔に関する感覚の違いは介護現場でもトラブルの原因になりやすいです。例えば、教えている場面において、外国人介護スタッフの失敗に対して日本人スタッフが笑顔で共感しようとしている際に、相手は「バカにされている」など、挑発的な意味でとらえるかもしれません。

したがって、日本人スタッフの立場として、外国人介護スタッフとかかわる際には、笑顔の頻度や程度をどうするかは、相手の文化的な尺度に合わせた方がよいです。

● 外国人介護スタッフに笑顔を作ってもらう際の注意点

同じく、笑顔が日本より少ない文化圏出身の外国人介護スタッフは日本人スタッフや利用者に与える印象も考慮する必要があります。

「とにかく笑顔を作りましょう」というアプローチはよく聞きますが、これも気をつけなければなりません。慣れていない場面で無理やり微笑みを見せようとする人は、不自然な表情になりやすく、逆に不気味な印象を与えてしまうからです。

そのため、鏡の前でや日本スタッフと一緒に笑顔を練習し、必要に応じて写真や簡単な動画も撮り、観て再確認し、ふり返りながら、フィードバックし合うことがおすすめです。

2 会話の多様性

● 会話のリズム

次は、会話のキャッチボールにおけるリズムです。これは、話し手が替わるときの間のとり方の問題です。

しばらく間を空ける文化、かぶせ気味に話す文化などがあります。もし、自分に合わないと気づかないままでいると、間隔が短い文化の人はイライラするでしょうし、逆に間隔が長い側は感覚の短い文化の人に圧倒されがちになります。

そのため、これらはお互いの印象や関係性を悪化させやすい原因になります。

同じく、「一方的に話してよい長さ」も文化によって違います。話し

続けていい感覚が長い側からすると、短い側の姿勢が意欲がないように見えます。逆に、感覚が短い側からすると、長い側が強引に見えます。

加えて、聞き手のルールに頷きなどの相槌を送るかどうかについて、その方法や度合いが異なる場合、相手が自分の話を十分に聞いていないような印象を与えてしまいます。

● 会話の交代や終了のサイン

話す人を交代するときのサインと会話を終えたいときのサインを確認しましょう。これらも文化によって違います。

聞き手が話し手に同意する、しない、不快感を表すときなども非言語的なメッセージで示すことが多いですが、文化によって正反対の意味もあります。

例えば、沈黙は同意を示す文化もあれば、不同意を示す文化もあるため、注意が必要です。これらにおいて、4のテーマであるアイコンタクトも重要な役割を果たしています。

3 座ることの多様性

● しゃがむ・座る

しゃがむことに対しても規範があります。一部の東南アジア諸国ではしゃがんで作業することが多くみられますが、日本と西洋文化では不潔な位置づけになっていることが多いため、作業時に座るか、脚ではなく腰を曲げることが多いです。

また、座ることに対しても文化によって違いがあります。例えば、西洋文化出身者は床に座ることに違和感を覚えることがあります。日本やイスラム教圏では畳や絨毯にそのまま座ることは普通ですが、西洋文化

出身者の多くは衛生面で違和感があります。

● 座り方・場所

　場面に応じて、どこに座るかや好ましい姿勢も文化に左右されます。日本の「上座」のように立場によって座っていい場所や座るのを遠慮する場所が決まっていることがあります。

　そして、座るときに脚を伸ばすことや組むことが、緊張感を解して関係を親しく深めたい意味をもつ文化もあれば、明らかに失礼として受け取られて、避けた方がよい文化もあります。

4　視線と目線の多様性

　視線や目線は非言語的なコミュニケーションの手段として最もパワフルなものの一つです。筆者の母国では「目は魂の鏡」と言われており、英語圏にも「目は魂への窓」という諺があるぐらいです。

● 視線のおき方

　視線は、目がどこに向いて、どこを見ているかが重要です。会話中など、それぞれの文化において、場面ごとにルールが違います。例えば、あるアメリカの研究結果では、アフリカ系の人は主に自分が話し手のときに相手を見ているのに対して、ヨーロッパ系の人は主に自分が聞き手のときに相手を見ていることがわかっています。

　このような不一致がある場合、「見つめてくる」や「無視されている」などと相当な不快感を与えてしまいます。

● 介護現場での視線のおき方の違い

　介護現場では、例えば、以下のように様々な場面においてお互いの文化において適切と感じる視線の向け方（向く場所）と程度（見つめる・

逸らすなどの時間感覚）を確かめ合いましょう。

・同世代の女性同士で　　　　　・同世代の男性同士で

・世代の異なる女性同士で　　　・世代の異なる男性同士で

・同世代の男女間で　　　　　　・世代の異なる男女間で

・公の場において夫婦間で　　　・公の場において親子間で

・部下と上司の間で　　　　　　・後輩と先輩の間で

・廊下などで人とすれ違うときに

　視線を合わせるアイコンタクトは、日本文化において中程度ですが、受け入れているスタッフの出身文化において、その程度が異なる場合、以下のようなことを確認しましょう。

　　・アイコンタクトが相対的に少ない外国人介護スタッフに日本人スタッフや利用者はどのように写るのか

　　・アイコンタクトが相対的に少ない外国人介護スタッフは日本人スタッフや利用者にどのように写るのか

　　・アイコンタクトが相対的に多い外国人介護スタッフに日本人スタッフや利用者はどのように写るのか

　　・アイコンタクトが相対的に多い外国人介護スタッフは日本人スタッフや利用者にどのように写るのか

　一般的に自分の文化よりもアイコンタクトの多い相手は、攻撃的に感じることが多いです。また、自分の文化よりもアイコンタクトの少ない相手は、「やる気がない」などの失礼な印象や「何かを隠して裏がありそう」などの信頼できない印象を与えやすいです。

● 目線のおき方

　視線に加えて目線は特に目や頭の上下の角度と関係がありますが、どの向き方を「上から目線」と感じるかは文化的な差があります。

したがって、外国人介護スタッフを受け入れてからは、上記のように視線やアイコンタクトのみでなく、目線についても日本と異なるパターンを確認し、お互いの文化を認識し、理解して、意識的に合わせる必要があります。

5 多様な表情やジェスチャーへの対応

表情やジェスチャーの多様性に、日本人スタッフはどう対応すればよいのでしょうか。最後はその点をみていきましょう。

● ジェスチャーや表情の程度

まず、そもそもジェスチャーや表情は多いかどうか、どこまで豊富かということを把握しましょう。

日本は、比較的、どれも控えめな方です。そのため、より積極的に豊かなジェスチャーや表情を使う文化出身の外国人介護スタッフの場合、お互いの理解が不十分であれば、日本人スタッフは本人に対して冷たく、本人は日本人スタッフと利用者に対して威圧的に写る可能性があります。

● 「タブー」のジェスチャー

特に、気をつけて確認しなければならないのは、タブーになるジェスチャーです。例えば、他人の頭に触れることは東南アジア諸国の一部ではタブーです。知らずにスキンシップの一環として触ってしまうと思わぬトラブルになることがあります。

他に、特に東南アジアや南アジアのイスラム教圏でタブーになっているのは、左手の使い方です。これには、宗教的な理由もあれば、排泄時に使う手を使い分けるという衛生感覚的な由来もあります。この場合は相手に対して、あるいは食事のときに左手を使ってはいけないという文

63

化的なルールがあります。

● ジェスチャーのマニュアル化は避けるべき

コミュニケーションを円滑にしようと、文化ごとにコミュニケーションやジェスチャーにどんな違いがあるかをマニュアルとして示す事業所もあるかもしれません。

しかし、文化によっては、同じ文化内で、同じジェスチャーであってもその時々に応じて異なる意味をもつことがあるため、単純なマニュアル化は避けるべきです。

例えば、南アジアのインド文化圏でよくみかける「首を縦軸に沿って左右に柔らかく揺らす動作」は、その場の状況によって「いいえ」から「はい」まであらゆる意味になります。

インド人の首振り

● ジェスチャーの多様性による対応の仕方

外国人介護スタッフとの関係形成に向けて、これらの微妙な感覚を認識し、場合によっては外国人介護スタッフ側に寄せることが重要です。

まずは、外国人介護スタッフ当人と話をすることが最善です。チームであればカンファレンスで、日本人・外国人のスタッフ双方が、あらゆるジェスチャーについてお互いにどう違うのか話し合いをする、もしくは、フロアなど人数が多い場合は研修を開いて、違いを確認し、理解す

ることが大前提です。

　ポイントは、必ず本人を交えることです。リーダーなどがその外国人の出身国の文化について書籍やWeb検索等から調べておくことは大事ですが、同国でも地域や民族などによって、異なる部分が多いため、必ず外国人介護スタッフ本人から実際にどのようにしているか聞いてみるようにしましょう。

　それを踏まえて、相手の動作を意図的に解釈できるようになり、必要に応じて自身の動作についても意識的に合わせられるようになります。

第3節　距離感覚（パーソナル・スペース）

　本節では、適切な相手との距離、位置関係（パーソナル・スペース）や身体接触について学びます。これらは、文化によって異なります。お互いの文化において許される距離などが異なる場合、気まずい空気になったり、誤解を招いたりしやすいです。

1　変化するパーソナル・スペース

　パーソナル・スペースは親密な関係以外の人が近づくと不快に感じる身の周りの空間です。文化だけではなく、場面によっても違いがあり、（図表3-①）のようにあらゆる場面における文化的な距離感覚について整理しましょう。

屋内／屋外の会話	並ぶとき	混雑時
女性／男性同士	男女間	子ども同士
世代間	親子間	夫婦間

等

　日本の距離感覚は一般的に中程度ですが、人口密度の関係もあり、混雑時はかなり近い距離、実質的に全身接触状態になる場合があり、仕方がないものとして許されています。

● 「モノ」をはさむかどうか

　位置関係はお互いの体の距離以外に他の要素も関連しています。例えば、話している際に、机などの家具をはさんでよいかという規範があります。同じ相談室の机でも、安心感（文字通り「拠り所」）を与えるか、相手との間で余計な障害物になるか、文化が影響しています。

● 体の向きや角度

　会話中の体の向き、角度も同様です。真面目な話のために真正面から向き合う文化もあれば、お互いを見ないで同じ方向を向いて隣同士の位置になることを話しやすく感じる文化もあります。

　また、比較的に重要な話し合いでも、わざわざ「話す姿勢」を作らず、向きを変えないで、他の作業や動作を続けることが当たり前の文化的なルールも存在します。これらの感覚を体系的に確かめ合わないと、自分の文化を基に相手について勝手に「失礼」「乱暴」「馴れ馴れしい」「支配的」「冷たい」などの一方的な判断をしてしまうことにつながります。また、自分もそのように見られてしまう可能性があることを忘れな

いようにしましょう。

● 介護現場での確認の仕方

　親密な関係とチームワークがベースとなっている介護は他の業種よりも厳密に利用者、外国人介護スタッフ、日本人スタッフの三者にとって心地のよいバランスを探ることが必要です。

　まず、日本人スタッフは、共同作業をする際に外国人介護スタッフにとっての心地のよい位置を探り、覚えましょう。

　そして、外国人介護スタッフは、介助において利用者にとっての心地のよい位置を探り、覚える必要があります。

　相手にとって心地のよい位置に慣れ、身につけることで、信頼関係が深まり、より相手のニーズに沿った教育や指導、介助及び介護実践が可能になります。

2　身体接触をめぐる価値観の多様性

　お互いの間の物理的な距離が部分的にでもゼロになれば、実際にお互いの体に触れることになります。日本は身体的な接触が少ない文化です。

　例えば、握手の代わりにお辞儀が一般的ですし、カップル同士で公の場で手をつないだり、ハグやキスをし合ったりすることもあまり見られません。

● 身体接触の文化的な違いを理解するシミュレーション

　多くの文化は何らかの形で触れ合うことがより頻繁です。この点について、学びの時間を確保して、外国人介護スタッフと一緒に（図表3-②）のようなパターンに沿ってシミュレーションをすることをおすすめします。

屋内／屋外の会話	カップル間	男女間
女性／男性同士	世代間	親子間
夫婦間	同性の上司と部下の間	異性の上司と部下の間

等

そして、接触の度合いについて以下のようなことを考えましょう。

・接触が相対的に少ない外国人介護スタッフは日本人スタッフや利用
　者に対してどのように感じるのか
・接触が相対的に少ない外国人介護スタッフに対して日本人スタッフ
　や利用者はどのように感じるのか
・接触が相対的に多い外国人介護スタッフは日本人スタッフや利用者
　に対してどのように感じるのか
・接触が相対的に多い外国人介護スタッフに対して日本人スタッフや
　利用者はどのように感じるのか

● 身体接触は「武器」にも「トラブル」にもなり得る

　基本的に、自分の文化的な感覚と合う適度の接触は、安心感などを与える効果があり、対人援助において重要な「武器」です。そのため、自分の文化より少ない接触を冷たく感じ、孤独感や精神的なストレスの原因になりやすい人もいます。

　逆に、自分の許容範囲を超えた接触を受けた場合は、「恥ずかしい」や「怖い」などの嫌な気持ちになるため、ハラスメント問題まで発展する可能性があります。

　後者は特に異性間でトラブルになりやすいため、気をつけなければな

りません。日本は接触が全体的に少ない国で、応じて職場などの公的な空間で男女間の接触も少ないですが、絶対的にタブー視されているわけではありません。

そのため、異性間接触について強い宗教的な規範がある文化出身者（例えば握手すら禁止されているなど）に対して注意が必要です。

● 特徴的な身体接触の習慣

日本であまり見られない身体的な接触の習慣は例えば次のようなものがあります。

挨拶時は握手に加えて、肩を軽く叩く、肘を抱える、男性が女性の手にキスする（あるいはキスのふりをする）、男女間や女性同士で頬にキスをする（あるいはキスのふりをする）などです。

また、両手で手を握ることや肘、上腕、背中、腰などに手を添えることを、相手を安心させて包容したい場面で積極的に使う文化もあります。

● スマホ文化普及による影響も

最近は集合写真、特に携帯電話やスマートフォンの普及によって自撮りをする場合、寄せ合うポーズを作って、頬までくっつけることが東南アジアの若者の間でみられます。写真撮影は介護現場でも行われることがあるため、要注意のポイントです。

● 「触れ方」にも違いがある

さらに、触れるかどうかそのものだけではなく、触れ方にも文化的な違いがあります。例えば、同じ挨拶の握手でも、奥まで強く握り締める文化と指先程度でそっと触れ合うだけの文化があります。

前者の場合、ある程度の力を入れて、視線を合わせながら数秒間ほど相手の手を実際に握らないと、不信に思われることがあります。

逆に、後者の文化出身者を相手にこの「しっかり系」の握手をすれ

ば、おそらく乱暴で、驚異的にとらえられるでしょう。ちなみに、前者のタイプは欧米諸国、後者のタイプはインドネシアなどの東南アジア諸国の一部の文化で見られます。

したがって、アジア出身の外国人介護介護スタッフを迎える際に、「きちんと握手しよう」という強く構える一面的な対応はおすすめできません。

第4節 服装やアクセサリー

非言語的なメッセージは体だけではなく、身につけている物や身の周りの物も関係します。ここでは服装やアクセサリー、そして食べ物に関する文化的な違いについて触れます。

1 なにが「清潔」で「不潔」か

着る物や履く物をめぐる習慣は衛生感覚と深い関係があります。この衛生感覚自体は文化によって異なることが少なくありません。

● 必ずしも科学的な感染管理ではない

服装等をめぐる衛生感覚は必ずしも実際の科学的な感染管理等が背景にあるわけではないため、その違いが問題になった場合、介護現場でもどれが「きたない」、どれが「きれい」と決めつけるよりも、文化的な側面を考慮しながら話し合うことが重要です。

衛生面の話は、ともすると、科学的に思いがちで自分の感覚こそが正しいと感じ、それを違う文化の人に押しつけてしまいがちになります。

この違いには注意する必要があります。

　例えば、日本的な衛生観を外国人介護スタッフが受け入れられなかったときに、その衛生観が本当に理にかなっているのか（文化的な「衛生観」でしかないのか）は慎重に検討しなければなりません。また、仮に理にかなっていたとしても、「正しいから」と、無理やり押しつけるのではなく、相手が納得できるような形で配慮する必要があります。

● 衣服による「気温」の感じ方の例

　同じように生まれ育った気候に影響されるのは、厚着や薄着などです。例えば、熱帯に近い国では日本やヨーロッパからみて季節外れにしか思えない厚着を見かけることがあります。

● 雨の感じ方の例

　雨の感じ方、つまり雨対策も文化によって変わり、傘などの雨具の使い方が文化的にそれぞれ規定されています。

　日本の降水量は中程度のためか、小雨でもなるべく早めに傘をさします。これに対して、大して雨の降らない大陸ヨーロッパの人は、それなりに降り出さない限り、あまり傘をさしたがりません。

　逆に、本格的な雨季があり、雨具が効果的ではない国の出身者もまた、あまり気にしないかもしれません。

　これらの感覚も実際の温度感覚などより、生まれ育った環境の季節感覚との関係が強いです。

● 更衣介助などでの注意

　これまで取り上げた文化的な違いは、介護現場においては屋外のイベント時や利用者との外出時にお互いの常識が異なる原因になりやすいです。トラブルを未然に防ぐために、あらかじめ違いを把握する努力をしましょう。誤解が起きた場合には、「おかしい」や「当たり前」といっ

た二極的な基準で一方的に判断しないようにしましょう。

　例えば、更衣介助について、日本人スタッフや利用者の「当たり前」と外国人介護スタッフの「当たり前」が異なる可能性があります。これを念頭に、着る物などについて事前に「何がどのくらい違うのか」を言語化して丁寧に確認しましょう。

2　アクセサリーの多様性

　衛生感覚や温度感覚の他に、服装やアクセサリーはその人の社会的なステータスや属性の重要な一部を表しています。特に、これらが宗教や信仰と強く関連している場合、文化的な違いがあったとしても、それを取り外すといった措置はとれません。

●「仕事だから」「日本だから」は人権侵害

　この場合、「仕事だから」あるいは「日本だから」という理由だけで取り外させようとしたり、全職員共通の制服のルールを強制したりすることは人権侵害に当たります。

　一方的にルールを教えるのではなく、相手の意見にも耳を傾けながら、何が宗教的な格好で、何がタブーなのかなどを慎重に確認する必要があります。

● 宗教や文化の影響を受けている服装

　この類のものとして、次のような例が挙げられます。例えば、婚約や結婚指輪のように、婚姻関係を示すアクセサリーがあり、文化や宗教によっては外すことが認められない場合です。成人の印や社会階層（カースト）などの意味合いとして、ある色や柄を身につけること、特定の髪型、場合によっては入れ墨をすることなどもあります。

　宗教の影響を強く受けているものの中には、そのシンボルやお守りと

してのアクセサリー（例えば十字の形をしたネックレスなど）、性別によって体の一部を追う付属品（半袖、脱帽などの禁止）が含まれます。

　これらは常に着る、身につけるものと、特別な機会・時期にのみ適用されるルールもあります。外国人介護スタッフを受け入れている以上、日本の施設もこれらについて把握し、必要に応じて配慮する必要があります。

● マナーによる違い

　宗教・信仰の規範以外にも、服装やアクセサリーの慣習上のマナーが文化によって異なることがあります。

　介護現場は基本的に制服を着ることが多いため、問題になりにくいですが、プライベートな付き合い（職場の懇親会、利用者や職員同士の冠婚葬祭などのイベント）ではお互いの文化の服装等のルールを確認した方が安心です。

　こうしたイベントなどには様々な行事をめぐる細かいルールが多く、外国人介護スタッフを紹待するとき、ちょっとした違いで失礼になるため、それぞれの場面において適切なフォーマル・インフォーマルのバランスとその具体的な内容や方法、欠かせない必需品の有無、逆に避けるべき格好などを事前に整理し、伝えましょう。

● イベント前の服装のしきたりは先に伝えておく

　服装を通じて表す敬意感覚のずれは、あとで一緒に笑えるような失敗談になることもありますが、関係上の摩擦につながる可能性もあります。

　例えば、組織の忘年会や新年会はスーツが一般的なのに、十分に確認しなかったため、外国人介護スタッフがカジュアル着で参加してしまった場合、経営者や上層部に対する失礼に当たりますが、それ以前に本人に相当不快な思いをさせてしまうことになります。

　逆に、職員同士の誕生日会などで日本人スタッフがカジュアルな服装

なのに、自分がスーツで来てしまったら、やはり恥ずかしく感じるでしょう。もしかしたら、きれいな服を着てくれなかった日本人スタッフが自分を見下しているのではないかという心理も働くかもしれません。

　筆者の失敗談として、来日して間もない頃、葬儀以外の正装イベントで黒いネクタイをしたことがあります。知り合いの子どもに香典袋でお年玉を渡そうとしたケースも周囲にあります。このようなことを避けるために、外国人介護スタッフを行事に誘う場合はその行事にかかわるあらゆるしきたりについても同時に触れることが重要です。

第 5 節　食事・食べ方

　最後に、食事に関する文化的な多様性です。「食文化」というように、何を食べるかは各文化によって当然違います。しかし、それ以上に「どう食べるか」つまり、食事のリズム・回数、食べ方、出し方、栄養感覚等も文化によって大きく異なります。多くはふる舞いに関することとして第3章で取り上げました。

　それでは、食事が文化によってどう違って、そして多様な文化を理解し、お互いによい関係を築くためには何が必要でしょうか。

1　食事・食べ方等の多様性

● 食事のリズムとスケジュール

　実は、一日何食を何時に食べるか、その中でどの食事に重きをおくかは必ずしも同じではありません。日本の場合、大人は一日三食が一般的ですが、午前中や午後の食事を含めて、五食の文化もあります。

また、その中でも日本はどちらかといえば夕食に最も気合を入れ、温かいものを食べることが多いですが、昼食か朝食をしっかり食べる文化もあります。そして、暑い国では昼食が昼寝とセットになっていることもあります。

職場の休憩は、このような食事の回数などの文化を踏まえて組まれています。そのため、これらに関する感覚が異なる外国人介護スタッフは、日本の現場のリズムに合わせにくいことがあります。

例えば、休憩と食事の関係で、特定の時間帯は力が出ない、あるいは眠くなりやすい時間帯があるかもしれません。

この場合は、体が日本のリズムに慣れるまで、必要に応じて休憩の時間帯をずらし、間食などを認めることが重要です。最終的に合わせなければならない場合、時間帯を少しずつ調整して、日本人スタッフに徐々に近づけていくことになります。

● 食事の出し方と内容

続いて、食事の内容ですが、食材の出し方や組み合わせ方の「常識」は文化によって違います。例えば、サラダや漬物は前菜として食べる文化もあれば、筆者の母国のようにメインと一緒に食べる文化もあります。スープや吸い物も前菜として食べる文化と、日本のようにメインと一緒に食べる文化もあります。

同じ食材でも、出し方が違うかもしれません。日本ではリンゴの皮を剥いて、キュウリは剥かないまま食べることが一般的ですが、筆者の母国では逆で、リンゴは皮のまま、キュウリは皮を剥いて食べます。

このような違いは、利用者への配膳のマナーや食事介助などにも影響します。外国人介護スタッフの常識と日本の常識が違うかもしれないと念頭におくことが重要です。したがって、食事介助においては、**食べる順番などを事前に確認しておいた方が安心です。**

同じく、当日のメニュー・アイテムについて、例えば果物を利用者に皮のままで食べてもらうか、あるいは皮を剥くのかなど、それぞれのアイテムの細かい食べ方を一緒に確かめなければならない場合もあります。

ご飯をおにぎりのように冷めたまま食べることはせず、必ず温めて食べる文化もあります。このような外国人介護スタッフに、冷たいご飯の弁当などを出すと、とても失礼に感じるため、イベントなどでみんなでお弁当を食べるときなどには気をつけましょう。

これはできる限り温められるような環境を整えることがベストです。

2 「食」に関するタブー

そして、食事について特に気を付けなければならないのはタブーです。宗教などの信仰によって、肉類全般、あるいは豚や牛の特定の肉、アルコール類などを避けなければならない文化、また調理方法について厳しいルールを設けている文化も存在します。

このようなタブーを含めた食事をめぐる文化が異なる中、生活に密着している介護の仕事上ではお互いの自然な感覚がそのまま通用しません。利用者の食事介助や外国人介護スタッフへの食事提供において事前に自分の当たり前を問い直す必要があります。

● 外国人介護スタッフ側の配慮

利用者に最適な食事介助を提供できるために、外国人介護スタッフは日本の食をめぐる文化、とりわけ利用者の出身地の食文化について学び、できる限り合わせることが重要です。

● 受け入れ施設側の配慮

一方、受け入れ施設側は外国人介護スタッフの食べ物に関する文化、特にタブーについて確認し、理解を深め、その価値観と規範に著しく反

するようなことを強制しない業務管理が倫理上求められます。

　特に宗教上の理由で決まった時期に断食をする文化については、体力に、したがって介護業務の遂行能力にもかかわる問題であるため、スケジュール管理の中で事前に把握する必要があります。

　例えば断食は、具体的に何をどこまで実施しなければならないか、それによって仕事への影響がどの程度予想されるか、またどのような譲り合いなら可能かについては当事者が最も詳しいため、当事者を交えて話し合いましょう。

　お互いの立場を認め、尊重し合うために、前もって率直な話し合いの機会をもちましょう。その結果に応じて、シフトや勤務時間の調整においては実際にどのような配慮が必要かを決めることができます。

　つまり、「断食をしてはダメ」や「断食だから何もしなくていい」という両極端の対応を避け、お互いの感覚と事情が許す範囲内で、近寄れるところまで近寄ることが重要です。

第6節　言語と非言語コミュニケーションの関係

　最後に非言語コミュニケーションと、言語コミュニケーションの関係について考えましょう。

　伝え手と受け手の文化的な感覚が違い、言語的なメッセージと非言語的なメッセージが一致しなければ、それを不快に感じるのみでなく、誤解を招きやすくなります。

　ここまで学んだことを思い出しながら、言語・非言語の関係のパターンを見てみましょう。これを知ることで、お互いに違和感があった場合

にその原因を探り、誤解を避けやすくなります。

【言語コミュニケーションと非言語コミュニケーションの関係】
・反復
　非言語的な側面は言語的なメッセージを繰り返している場合です。例えば、言葉で「はい」と言ってから、頭で頷くことはこのパターンに当たります。このような非言語的なメッセージは、言語的なメッセージをより明確にし、受け手の理解を深めます。

・矛盾
　痛そうな表情で腹部を抱えた人がいくら「大丈夫です」と言っても、誰も信じないように、言語的なメッセージと非言語的なメッセージの意味が異なる組み合わせのことです。
　この場合は、受け手が混乱し、意味の理解が難しくなりますが、たいていの場合は非言語的なメッセージの意味が優先して解釈されます。

・代用
　言語的なメッセージの代わりに、非言語的なメッセージのみを送るパターンです。例えば、質問されたときに、「いいえ」と言わなくても、首を振る、あるいは指や手・腕で「×」を出せば、同じ意味が伝わります。この場合は時間短縮などの役割があります。

・補足
　言語的なメッセージに非言語的なメッセージを加えることが、プラスの意味を与え、理解を促す場合です。
　例えば、相手にとって嬉しいニュースを伝える際に、大きく微笑むことで、「あなたと一緒に喜んでいますよ」という共感の気持ちをついでに伝えることがあります。よい関係形成と円滑なコミュニケーションの

上で、非言語的なメッセージの重要な役割です。

・強調

　話の要点に非言語的なメッセージでも焦点を当てるコミュニケーション方法です。一つの例として、日にちや時間を決めるときに、数字を指でも示して、確かめることが考えられます。誤解を避ける上で有効なパターンです。

・規制

　会話の流れや発言を交代するタイミングを表す非言語的なメッセージが含まれます。例えば、発言したい場合に指や手を軽く挙げる、あるいは発言を期待する場合に相手の方を見つめるなどがあります。

　非言語的なコミュニケーションにおける文化の違いは、言語的なメッセージとの整合性にも影響を及ぼしています。例えば、上記のように「いいえ」という意味で首をふるジェスチャーが伝わっても、「×」の合図は日本以外の国ではなかなか通じにくです。

　同じく上記の例で、指での数字の示し方も文化によって異なる場合があります（日本のように人差し指から一を数えるか、あるいはヨーロッパ式に親指からスタートするかなど）。

　そのため、多文化場面での言語的なメッセージと非言語的なメッセージは矛盾などの摩擦が生じるパターンになりやすいです。

　このような文化の違いによる誤解やすれ違いを避けるために、本章では文化による非言語的なコミュニケーションの違いについて取り上げてきました。

【事例】
スタッフ同士が手をつないだら

　ある施設では、同国の女性の外国人介護スタッフを二人受け入れています。二人は勤務内でも勤務外でもよく一緒に行動し、ますます仲がよくなってきました。

　そして最近、手をつないで通勤するようになったことは、日本人スタッフも気になり、戸惑いを感じました。近隣住民や利用者家族から「子どももみている」などというクレームが施設に寄せられるようになったため、受け入れ責任者が二人と話すことにしました。

　この事例は、一見セクシュアリティに関するとてもデリケートな問題に見えるため、最初は日本人スタッフもためらいを感じたに違いありません。日本で成人同士が手をつなぐことは、異性・同性を問わず、恋愛関係のサインであるためです。

　周囲の人々は、二人の関係がもしかしたら恋人同士に発展していると思い、さらに同性間の性的関係であるため、他人の前で見せるべきでないとか、子どもに悪い影響を与えるといった判断をしてしまいました。

　しかし、受け入れ責任者はクレーム内容について二人に相談した際に、手をつなぐことに性的な意味がなく、仲のよい女性友だちの間な

ら、母国では一般的によくあることが判明しました。

　つまり、お互いの関係は「友情」であり、それが深まったことで、あまり考えないで、いつの間にか思わず手をつなぐようになったそうです。

　この場合の対策として、成人女性同士が手をつなぐ行為の意味の文化的な違いについて話し合い、理解したうえで、それは日本の文化では特別な意味をもつゆえに周囲に誤解を与えやすいため、人前では避ける方向に物事を進めることになりました。

第4章 コミュニケーションに対する「姿勢」

会話の中で、「空気を読みなさい」とか「誰々が空気を読めない」と耳にしたことがある読者も少なくないのではないでしょうか。しかし、ここで言う「空気」とは何か、そしてなぜそれを「読む」必要があるのでしょうか。

こうした常識と思われている前提は同じ文化内でしか通用しないことがあります。それを理解しないで違う文化の人とコミュニケーションをとっても（言語能力に問題がなくても）全く伝わらないか、真逆の意味にとらえられてしまうことがあります。

本章はコミュニケーションに臨む姿勢そのものを取り上げています。

第1節　コミュニケーションの「四つの軸」

具体的に、私たちがコミュニケーションをする際にどのような思いでメッセージを送信・受信するかについて扱います。つまり、メッセージを送る際は、どこまで詳細で客観的な情報伝達を、あるいは逆に感情などの主観的な側面を重視するかということです。

そして、これらのバランスやそれに関するマナーやルールも文化によって異なるコミュニケーション・スタイルが存在します。

コミュニケーションで行き違いが生じた場合、コミュニケーション・スタイルに関する文化の違いが背景にある可能性が高いです。

コミュニケーション・スタイルについて、大きく以下の四つの軸に沿って考えることができます。

【コミュニケーションの四つの軸】

①文脈の役割

　暗黙の了解の範囲はどこまで広いかという側面です。

　いわゆる「高文脈の文化」では言われなくてもわかることが多く、それを前提にコミュニケーションが行われます。

　「低文脈の文化」では明確に言語化して送信された詳細なメッセージが主流で、「言われなくてもわかる」背景情報が少ないです。

図表4-①　①文脈の役割

②面目重視の度合い

　客観的な事実や自分の思いなどの言いたいことと、お互いの立場性やプライドのどれに重きをおくかという側面です。

　「面目重視の文化」においては事実や本音よりも恥をかかせない・かかないことが優先されます。

　対照的に、「面目軽視の文化」においては恥の概念にあまりこだわらず、事実や本音をそのまま伝えます。

図表4-②　②面目重視の度合い

③直接性の度合い

どこまで単刀直入の表現をするかという側面です。

「間接的な文化」では伝えたいことをそのまま言わず、言い回しが多く、ほのめかす傾向が強いです。

そして、「直接的な文化」ではメッセージをそのままはっきり言語化して伝えることが多いです。

図表4-③ ③直接性の度合い

④目的と関係性

目的合理性と関係維持のバランスにかかわる側面です。

「関係重視の文化」は具体的な課題や目的よりもコミュニケーションする相手とのよい関係をゆっくり形成し、それを丁寧に維持することに力を入れています。つまり、コミュニケーションの内容よりも、その相手を大事にします。

一方、「目的重視の文化」は、対人関係よりも客観的な課題や目的達成に向けて迅速にコミュニケーションを進めます。相手よりも内容を大切にします。

図表4-④ ④目的と関係性

これらの側面は、単にどちらか一方ではなく、連続的で、かつ相互にも影響し合う関係にあるため、世界中の文化は四つの軸とも様々なバランスや組み合わせによるスタイルがあります。

　ここでは、これらのコミュニケーション・スタイルの特徴と、それぞれにおいて日本文化が占める位置を確認しましょう。また、各軸に沿って日本人スタッフと外国人介護スタッフの文化についてそれぞれの高・低と低・高の計八パターンの場合についてシミュレーションしていきます。

第2節 文脈の役割
～「言われなくてもわかる」～

　最初に多文化場面で最も問題になりやすい①文脈の役割に焦点を当てましょう。

　日本をはじめとしてアジア諸国は高文脈の文化が多いです。高文脈文化の特徴として、実際のメッセージのやりとり以前に、あるいはその背景にいわゆる「暗黙の了解」や「以心伝心」のような深い共通理解があります。

　ただ、最近ではSNSやインターネット動画などのメディアと生活様式の多様化によって、同じ文化の中でも若い世代には通じないことが多くなってきています。

　しかし、このような同文化内の若者のサブカルチャーを超えて、異なる文化との接触においては、低文脈文化よりも高文脈文化の方は相互理解が難しくなります。なぜならば、「言われなくてもわかってくれる」という想定が成り立たなくなるからです。

　そして、この相互理解のしづらさは、低文脈の文化だけでなく、高文

脈の文化同士でも発生し、さらに難しくなります。というのは、お互いが言語化せずに想定する文脈の中味が異なるからです。

　高文脈の日本文化についてわからないことがあった場合、低文脈文化の相手なら言葉で確認したり、聞き返したりするのに対して、異なる高文脈文化の相手は何も言わずに全く異なる解釈をしてしまう可能性があります。

　例えば、日本で話し合いを終える際によく使われる「では、そういうことで」という曖昧な表現があります。職場の会議で決まった「そういうこと」とは具体的にどういうことか、口頭で確かめる外国人介護スタッフの場合と、口頭で確かめず、日本人スタッフと異なる解釈をしてしまっている外国人介護スタッフの場合、後者の組み合わせの方がトラブルの原因になるでしょう。

1　「低文脈」の文化を意識した　コミュニケーションのとり方

　日本は「空気を読む」姿勢や「言われなくてもわかる」姿勢が強く、世界的にみて高文脈文化の一つに当たります。そこで、本項では、日本と比べて低文脈の文化への対応について考えます。

● アジアの国々でも低文脈文化は存在する

　最も低文脈の文化はヨーロッパのドイツ語圏や北欧になりますが、アジアにも日本より低文脈、あるいは高文脈でもその文脈がだいぶ異なる文化があります。

　例えば、日本と比べて低文脈の英語圏諸国などに歴史的に影響を受けた国です。また、民族や移民が多いなどの多様な社会の場合、高文脈コミュニケーションをすることが原則できません。

● 伝えたいことは詳細に言語化する

　低文脈の外国人介護スタッフ、あるいは高文脈でも日本の文脈を知らない外国人介護スタッフとのかかわりの中で心がけたいことは、物事をなるべく詳細に言語化することです。一般的に、低文脈の文化では個人主義（あるいは自身の民族等に限定された集団主義）が強くなり、個人の自由、プライバシー、自立が重んじられ、相手の詳しい背景を知り得ない、想定できないため、正確な言語化によるコミュニケーションが重要になるからです。

　日常業務の中で使う簡単なジェスチャーでも、その意味について解釈の共通理解がないと通じません。また、日本人相手なら言わなくてもよいことでもはっきりと言葉で伝える必要があります。

　誤解を避けるために、基本的に言葉で伝えなかったことは相手にわからない（わからないことが当然）という前提でコミュニケーションすることが望ましいです。

　例えば、「ちょっと来て」という手や指の合図、また「すみません、ちょっと通して」という手刀を切るジェスチャーなどは他の文化では伝わらない、あるいは違う意味として解釈されることがあります。

● 主語や述語を省略せずに正確に伝える

　私たちは会話の中で「あれですね」とか「○○だから...」などのように具体的な主語や述語を含めないことがしばしばありますが、その代名詞は何を指しているか、その接続詞の続きは何なのか、相手に本当に伝わっているかどうかということの確認が求められます。

　例えば、「今度お盆だし...」という簡単な一言も、その人が言っていることが伝わるには、そもそも「お盆」とは何かを理解する必要があります。さらに、お盆にかかわる様々な習慣などに関する予備知識も欠かせません。

多くの人が休みをとる、レジャー、お墓まいり…。

　それらをもたない相手には「今度はお盆という年間行事で、連休があり、帰省する人も多くなるので、シフトが忙しくなります」などのような説明を加えながら伝えるようにしないとなりません。

2 「高文脈」の文化への コミュニケーションのとり方

　では、日本よりも高文脈の文化、あるいはその文脈が大幅に異なる文化の場合はどうでしょうか。

　高文脈の文化は同じ文化の人同士での共通理解が多く、多くのメッセージが言語化されないままでも伝わります。

　このような文化は非言語的な手法もたくさん組み合わせて使うため、コミュニケーションが早いですが、「共通理解」が違う相手の場合は誤解が生じるため、正確性を欠くことがあります。

　ともにする環境と時間が長ければ長いほどコミュニケーションは高文脈になります。

　例えば、家庭で「好きなあれを買ってきたよ」という会話は同じ家庭内でしか通じません。また、お店で常連客が注文する際に「まずはいつものを二つ」という注文の仕方もその一例です。

● わからない場合は質問をする

　これらの表現は他の相手に対してはなかなか通じないでしょう。高文脈文化の外国人介護スタッフはこのような口数の少ない表現をしがちですが、周囲に通じない場合は日本人スタッフから質問することが大切です。

　日本人スタッフに通じないジェスチャーでも同様です。また、言葉が文化的に少なくなっていることは、コミュニケーション・スタイルの違いである可能性があるので「きっと日本語能力が足りない」と安易に決めつけることは避けましょう。

● 基本的に低文脈スタイルを徹底する

　全体的に、高文脈のコミュニケーション・スタイルの方がミスの可能性が相対的に高くなります。

　介護のような対人援助という専門的な場面では、利用者のケガなどのリスク防止のために、なるべく低文脈スタイルを徹底するべきです。

　そして、時間がかかっても必要に応じてフォローアップ質問をすることで、リスクは防げます。詳細で正確な言語化を目指しましょう。

　つまり、お互いの感覚を把握し、慣れるまでは、「言わなくていいのではないか」と思う細かいことまであえて言うようにします。

第3節 面目重視の度合い 〜「ウソ」との付き合い方〜

　面目重視の度合いは、当人にとって恥をかいたりマイナスの評価につながったりする事実があったときに、それを率直に伝えられるかどうかに関係しています。

これは、相手のプライドを傷つける恐れが高いため注意が必要です。なぜなら、プライドを傷つけられれば誰でも感情的になり、それが職場の人間関係の悪化につながる可能性があるからです。

● 日本の面目重視の度合い

　面目を重視する文化では、相手と自身を含めて人のプライドや社会的な地位を極力傷つけないために、回りくどい言い方になったり、発言を遠慮したりすることがよく見られます。

　伝統的に日本は、異なる立場間の対話や意見が対立する議論よりも調和を優先する面目重視の文化に当たります。一方、現代の日本社会は、身分制度などがない民主的な法治国家であり、かつ高度な専門化が進んでいます。そのため、公共の場や専門的な仕事において理性的なコミュニケーション（面目を気にせず言うべきことを言うコミュニケーション）が求められます。

　こうした日本の状況を踏まえ、日本よりも面目を重視する文化と、日本ほど面目を重視しない文化に属する外国人介護スタッフを想定した際にそれぞれどのような事態があり得るのか、そしてどのような対応方法をとるべきなのかを考えてみましょう。

1　面目重視の度合いが強い場合

　面目を強く重視する外国人介護スタッフは、事実よりも、自身と周囲の人々の立場を守るコミュニケーション・スタイルをとります。そのため事実に基づかない発言をする場合があります。

● 「自己中心的だから嘘をつく」のではない

　一部の外国人介護スタッフは、何らかの説明を受けた際に、わからな

くても「はい、わかりました」と答えることがあります。これは、お互いの「立場」を守るためです。

　説明を理解できなかった自分はもちろん、説明し切れなかった相手（日本人スタッフか利用者）の不備を指摘しないコミュニケーションのとり方です。

　自分はもちろん、相手への配慮もあります。つまり、このような「事実に基づかない発言」は単純に自己中心的なごまかしをしようとしているのではなく、礼儀正しくしようとした結果の発言です。

　それによって相手に対する尊敬を示し、自分に対する尊重にもつながるのです。

　このように、プライドや恥の文化的な違いを理解しておかなければ、お互いの関係がぎくしゃくしてしまいます。

● 「ウソ」が判明したときの対応

　したがって、介護現場で外国人スタッフのこのような「ウソ」が判明したときは、出来・不出来の指摘や事実確認の仕方に気をつけ、相手のプライドに配慮しなければなりません。

　まずは、話し合いながら原因分析をします。具体的に、相手の文化は面目重視の側面がどれほど強いか、つまり相手はどこまで自身や周りの人々のプライドや恥を気にするかを一緒に整理し、見極めます。

　背景に面目重視の強い文化があるなら、直接的に否定したり、日本の文化的な基準を強要したりすることを避けます。

　しかし、外国人介護スタッフも、介護実践への影響や、周囲の日本人スタッフと利用者にどのような印象を与えるかについてよく理解してもらう必要があります。例えば、専門的な場面で説明や指示が正確に伝わらなかったら、利用者の安全にかかわります。

　そのため、「説明や指示が一回で通じないことは誰のせいでもない。伝わらなかった場合にはそのまま伝わらなかったと言ってほしい」と感

覚のずれについて明確にしながら理解を促します。

　このような理解が深まれば、外国人介護スタッフは自分でも周囲への影響を考えられ、必要に応じて自身の言動を修正できるようになります。

2 面目重視の度合いが弱い場合

　逆に、日本より面目重視の度合いが弱い外国人介護スタッフは、日本人スタッフにとっては無礼、あるいは攻撃的に見えるかもしれません。というのは、面目軽視の文化は、「人」よりも客観的な事実や明文化されたルールに重点をおき、容赦のないコミュニケーションをするからです。

　例えば、話し合いの中で必要な場合、事実であれば（あるいはそう信じれば）、先輩や上司、利用者にとって不利な情報でも遠慮なくその場で口にすることがあります。

　これは、お互いの面目重視の度合いが弱い場合は問題になりませんが、一方が強い場合には職場環境がぎくしゃくしがちになる原因になります。また、利用者が相手であれば、意図せず本人の尊厳を傷つけてしまう原因にもなります。

　これについては、組織の上下関係、内と外などの日本の複雑なヒエラルキーを、文化の異なる外国人介護スタッフが理解していないのは当たり前で、悪気があるわけではありません。つまり、自分の言動によって日本人の相手が不快に感じる可能性のある範囲、日本で「失礼」に当たる範囲を日本人スタッフが伝えなければなりません。

　日本人同士であれば言語化しなくてもよいですが、あえてそれを言語化して説明すれば、気づきと理解が納得のいく形で深まり、意識的にその空気を読めるようになります。

第**4**節　直接性の度合い
　　　〜お互いの意図を読みとる〜

　コミュニケーションにおける直接的な言い方の度合いは、前項の面目重視とも関係していますが、他には「品格」や「大人げ」の感覚が背景にあります。

　日本文化はこの点についても中程度の位置づけになります。多くの場面で単刀直入な言い方よりも曖昧な表現が好まれ、本音や純粋な感情をそのまま素直に話すことが少ないです。

　その反面、公の場や仕事においては近年誠実さが期待され、厳密な文章化、また高いレベルの論理性が求められるため、この点についても二つのパターンに沿って相対的に整理していきます。

1 間接的な言い方をする文化の場合

　まずは、外国人介護スタッフは日本よりも間接的なコミュニケーションをするパターンです。文脈と同じように、自分の文化よりも間接性のレベルが高いスタイルを解釈することはかなり難しく、相当な想像力を要します。

● 伝えたいことは言葉通りに表れない

　間接的なコミュニケーション・スタイルにおいて、実際に発された言葉は文字通りの意味をもちません。極端な場合、伝えたいことを遠回しで伝えるために、一見関係のなさそうなストーリーや逸話が例え話の役割を果たすこともあります。また、様々な自然現象の比喩なども多用されます。

他には、断りたいときに「そんなことしていいのでしょうか？」という言い方など、断言的な否定形よりも、質問や仮定形を使う場合も少なくありません。

つまり、表面的なメッセージは本当のメッセージのヒントでしかありません。このやり方に慣れていない聞き手には、話された内容は意味不明に思え、さらに話し手は不誠実、あるいは回避的に写ることがあります。

● 介護現場での意思確認時の注意

介護の職場でも特に注意が必要になるのは、意思確認です。役割分担、指示、誘いなどのように物事を決めるやりとりの際に、外国人介護スタッフの間接的な回答を誤解して、本当の意思に反して物事を進めることにならないようにしましょう。

つまり、「はい」は必ずしも「はい」ではないことがあります。それは実際には断るためのヒントでしかないかもしれません。はっきりと「いいえ」と言わなくても、いきなり過去の類似した場面における嫌な体験話などを語り出せば、本当は断りたいということと同じ意味になります。

例えば、飲み会に誘う際に、「そうですね、この前の飲み会は大変でした」などのようなパターンです。他には、「はい、もしそれで本当によければ」という余計に思える微妙な一言を加えることで、「では、やっぱり結構です」という返事を相手に期待していることも考えられます。

そして、「それで本当にいいのでしょうか」と決まってから何回も確認の質問を入れるパターンも、自分の本音を読みとってほしいという合図です。これは、優柔不断や甘えがあるのではなく、はっきり「No」と言えない文化であるためです。

間接的なコミュニケーション・スタイルが強い外国人介護スタッフに対して、鈍感になっていると嫌な思いをさせてしまいます。そうならな

いためには、日本人スタッフがアンテナを張って敏感になる必要があります。上記のような曖昧な言い方から、実際に相手が伝えたい本当のメッセージを汲み取って、それを踏まえて聞き返して意志確認するようにするのがベストです。

2 直接的な言い方をする文化の場合

　逆に、日本よりも直接的な言い方をする外国人介護スタッフの言葉は日本文化だけではなく、相手の文化の観点からも解釈する必要があります。

　「思っても言わない」ことが多い日本文化からすれば、思ったことや感じたことをそのまま言語化する傾向が強い人は、感情的に見えたり、子どもっぽく、非理性的に見えますが、そうした見方は誤りです。

　このような文化は日本の物差しで一方的に判断しないことが重要で、むしろ意見の中味を受け止めて、建設的な意見としてとらえましょう。

● 具体的で正確な言語化を心がける

　直接的なコミュニケーション・スタイルの外国人介護スタッフには、日本人スタッフや利用者の曖昧な言い方が伝わりにくいことがあります。

　これは日本語能力よりも、コミュニケーションにおける姿勢の違いによって生じる問題として対応するとよいです。

　例えば、日本でよくある社交辞令としての「今度一緒に行きましょう」（実際には誘われたことにならない）や、贈り物などを受けとる前に何回も断るなどの間接的なコミュニケーションは、それに慣れていない人にとってはかなりわかりにくく、トラブルの原因になりやすいです。

　そのため、外国人介護スタッフとともにする日常業務においては、具

体的で、正確な言語化を心がけましょう。

第5節 目的と関係性
～思ったことをどこまで言うか～

～～～～～～～～～～～～～～～～～～～～～～～～～～

目的重視のために思ったことをそのまま言語化する文化と関係重視の
ために「思ったことは言わない」文化のバランスは、仕事の進め方や職
場におけるコミュニケーションに大きく影響します。

● 日本のバランス

日本は、他のアジア諸国と比べて仕事の進み具合や効率性を気にしな
がらも、完全な成果主義ではありません。日本における「成果」は、合
理的な効果よりも、形式的な側面のみ（例えば、売上がいくらかより、
何件顧客を訪問したかなど）を求めることがあります。

会議でも、話し合う内容より、進め方や慣例的な社交辞令など、形式
にこだわる組織も多いです。また、勤務時間中の世間話などのプライベ
ートな会話はあまり認められていない反面、懇親会など、勤務時間外で
の職員同士の関係形成・維持の場も重視されます。

1 「関係重視」文化の人への対応

日本より形式や関係性を気にする「関係重視」文化出身の外国人介護
スタッフは、勤務中にも仕事に関係のない言動が多いため、日本文化か
らみれば作業効率が悪く、プライベート領域にかかわる、不適切もしく
は踏み込み過ぎな話題が多いという印象を抱くかもしれません。

これは、関係性を気にする文化のため、仕事関係を越えて人間同士と

しての関係構築に力を入れているからです。このような文化出身者にとっては、趣味や家族の話、軽い世間話は公私を問わず仲良くなるための重要な手段であって、そのような関係を築けない職場は彼らにとって考えられないでしょう。

● 介護ではバーンアウトの危険性も

このような文化の外国人介護スタッフは、目的を重視し、関係性に力を入れない（と感じる）日本人スタッフを冷たく感じるでしょう。場合によっては、日本の介護に対する疑問や職場関係における深い悩みにつながり、ストレス、またバーンアウト（燃え尽き）の要因にもなりかねません。

そのため、日本人スタッフとしては、例えば外国人介護スタッフに共感的に寄り添うことを前提に「周りが冷たくみえるのは、意地悪であったり、本人を嫌ったりするからではなく、仕事に集中しているから」という文化的な理解を促すとともに、ある程度は相手のおしゃべりなどに付き合うことも求められます。

2 「目的重視」の文化の人への対応

アジア諸国の文化にはそれほど多くないのですが、日本よりも関係性に力を入れない外国人介護スタッフもいます。

実は筆者も中央ヨーロッパの西洋人としてこのタイプに入るかもしれません。実際に同僚に「あなたはロボットか」と言われたことがあるぐらいです。

というのは、目的を重視する文化の人は、関係重視の側面がより強い日本の人からは、容赦なく目の前の仕事を優先するワーカホリック（仕事バカ）の印象を与えます。

よい関係を維持することよりも仕事の成果を早く上げたい気持ちが強

いです。即ち「仲良く仕事する」よりも「よく仕事する」ことに力を入れるパターンです。

　このような人は、個人のあらゆる事情にかかわらず、仕事ばかりを進めようとしているので、周りからは非常に冷たく、場合によっては残酷に見えます。そして、目的重視の人は関係重視の同僚が投げかけるプライベートな質問や世間話のような仕事以外の話題をなかなか「買ってくれない」ため（懇親会の席でも同様）、日本文化的には「付き合いの悪い人」になってしまいます。

　目的重視の人には、日本の現場での関係重視のコミュニケーションが合理性を欠くように見え、効率悪くとらえる可能性が高いです。

　また、関係重視の文化にみられる、チームワークにおいて本来の課題にさっさと取り組むよりも、対立などを避けるためにお互いを模索しながら進める姿勢は、目的重視の人にとってイライラを募らせる原因になります。

　このような外国人介護スタッフとのバランスを調整するときには、意図的に公私を徹底して分けることが手っ取り早い対応策の一つになります。

　つまり、仕事以上のかかわりを期待しない、仕事をめぐる対立などを個人のレベルや私的な攻撃として受けとらない姿勢をとることで、日本人スタッフも楽になります。

第6節 【事例】コミュニケーション特性に応じた環境調整

　ある介護施設で働く外国人介護スタッフのEさんは、利用者には「よく話を聞いてくれて、相手になってくれる」と高い評判を受けています。

　しかし、日本人スタッフから、仕事中のおしゃべりが多くて業務が遅い、また休憩や着替え中にプライベートにあまりにも踏み込んだ答えづらい質問をしばしばしてくるという相談が受け入れ責任者に寄せられています。

　これは、第5節で扱った目的重視と関係性重視の文化の違いの典型的な事例です。

　Eさんは単なる仕事としての業務よりも、周りの人々との人間同士としての私的レベルでのコミュニケーションを重視し、個人的なおしゃべりが多くなっています。

● Eさんの文化のよい面と課題となる面

　これは、利用者からみれば、丁寧な話し相手になってくれているため、好評です。しかし、会話時間が増えており、分担が必要な介護な

どの業務においては遅れが生じ、フォローしなければならない日本人スタッフは困惑しています。

　また、私生活と職場を分けたがる日本人スタッフにとっては、休憩や着替えのときにＥさんが持ち出す質問内容も重く、馴れ馴れしく感じ、負担になることがあります。

　話の内容は例えば、恋愛や結婚、家族及び親戚関係、収入や財産、政治や宗教などを話題にするケースが考えられます。

● よい面は伸ばし、課題となる面は減らす

　この現状では、Ｅさんがもつ関係性重視の文化的な側面はプラスにもマイナスにも働いています。そのため、特性を認め、よく話し合うことによって相互理解を深めた上で、業務及び時間管理を通じてプラスになる場面を増やし、マイナスになる場面を減らすことが考えられます。

　プラス面は利用者にも歓迎される強い傾聴姿勢と会話意欲及び能力です。したがって、Ｅさんの一週間のシフトの中にまとまった「おしゃべりタイム」を設けることで、この強みがよく活かされます。

　その代わりに、このおしゃべりタイム以外の業務時間は我慢し、長い会話を控えて介護の仕事により集中してもらうような約束を交わします。また、日本人スタッフが避けてほしい話題とその文化的な理由について明確にすると同時に、嫌がる人と居合わせないように、例えば休憩や着替え時間をずらしてとることもできます。

● コミュニケーション特性に応じた環境調整

　Ｅさんに日本の基準で「おしゃべりをしないで仕事してください」と批判や指示をしても悪意のないＥさんには真意が伝わらないか、必要以上に悩みを抱えてしまうかもしれません。また、せっかくＥさんのよいところも施設の大事な資源として活かされません。

一方的な指示や、どちらか一方だけに変わることを求めるのではな
く、コミュニケーションの特性に応じた環境整備を行うことで外国人介
護スタッフだけでなく、職場そのものがよりよい環境に変わっていくの
です。

2nd Step
外国人介護スタッフとともに働く

外国人介護スタッフと「働く」場面では、勤務時間や利用者一人にかける手間などの「時間」の概念や「仕事」そのものに対する価値観の違いがつまびらかになります。また、文化の違う外国人介護スタッフは「学習」の仕方と効果的な教え方なども違います。

2nd Stepではこうした「ともに働く」ときに疑問を抱えやすい「学習」「時間」「仕事」をめぐる文化の違いについて取り上げます。

第5章 学習の仕方

学びのプロセス

● 学びにはプロセスがある

　読者の皆さんは、新しい仕事などをどのようなプロセスで覚えますか。実は、何か新しいことを身につけるときに、人は一般的に以下のような段階を踏みます（図表5-①）。

図表 5-① 新しいことが身につくまでのプロセス

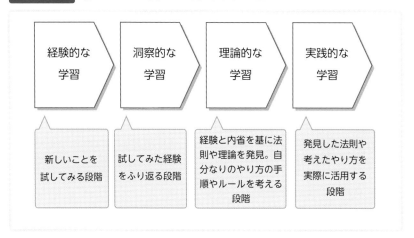

　例えば、利用者の着脱介助を学ぶときに、先輩に教わったことを実際に行ってみます。これが経験的な学習の段階に当たります。

　その後に、何がよかったか・どのように改善できるかをふり返ることが洞察的な学習の段階です。

　続いて、このような経験と振り返りが積み重なれば、それぞれの利用者の状態（運動制限のある体部など）や実際の衣類品の種類と素材などの特徴の組み合わせによって求められる声かけや介助の仕方について判

断する基準が心の中で芽生えます。これが理論的な学習の段階です。

　最後に、その基準に沿って自分で実際に判断を下して介助を行うようになり、日常的に試行錯誤しながら、必要に応じて自分の基準を修正し、徐々に根づかせます。ここまで進めば、実践的な学習の段階に到達したと言えます。

　そして、このやり方が定着すれば、もう「着脱介助ができる」ということになります。

● 「学びの文化」の違いはこのプロセスのどこに重点をおくか

　この過程の中で、どの段階に重点をおくのかが人と文化によって異なります。

　これらのバランスは各国の教育制度や学校文化などにも影響されています。本章では、外国人介護スタッフの学習スタイルについて日本と比較しながら考えます。

　また、学習のプロセスに加えて、物事を記憶する方法も違いがあります。基本的には、見て覚える視覚的な教育及び学習、聞いて覚える聴覚的な教育及び学習、そして体を動かして覚える運動的な教育及び学習が区別されます。

　生まれ育った文化や各国の教育観・学習観はこれらにも影響するため、本章では合わせて整理し、外国人介護スタッフの指導における適切な組み合わせを模索します。

第2節　外国人の学習スタイル

　人の話を一方的に聞く学び方に慣れていない外国人介護スタッフに対

し、講義を長時間行っても、居眠りや割り込み質問をされるなど、いろいろなトラブルが想定されます。当然、学習効果も低くなるでしょう。

　そこで、本節では、各学習スタイルに合わせた効果的な教え方を考えていきます。

　現場では、かかわりの中で外国人介護スタッフが得意とする学習スタイルを見極め、それに合わせた指導を提供することが有効です。

　当たり前ですが、高い学習効果を期待する場合、指導方法は指導者がよいと思い込む自身の学習スタイルではなく、**学習者のスタイルとニーズに応じて選びましょう。**

1　経験的な学習重視の人への対応

図表 5-②　新しいことが身につくまでのプロセス【再掲】

| 経験的な学習 | 洞察的な学習 | 理論的な学習 | 実践的な学習 |

とりあえずやってみる

　経験的な学習スタイルの人は運動的な学習も得意です。例えば、野球をするときに、筋肉や関節の運動学的なことなどの難しい説明を受けずに、よくできる人のフォームをみて真似することで上手になる練習は、この学習に当たります。

● 経験的な学習重視の文化の特徴

　突然の行動に出ることに対して慎重な姿勢をとりがちな日本を含む東アジアの文化では珍しいケースですが、東南アジアや南アジアは、話を聞いて理屈を考えるよりも、いきなり自分で挑戦して学びたい人も多い

です。

　このような人が最も学びやすい学習環境は以下の通りです。

　　・常に新しい体験ができる
　　・「今とここ」に焦点を当てて活動できる
　　・多様な体験ができる
　　・制限なくアイディアを実行できる
　　・早く踏み入ったことに挑戦できる
　　・他人と一緒に活動できる
　　・自分で挑戦できる

● 経験的な学習重視のメリット

　このような学習スタイルをもった外国人介護スタッフは、説明を最低限に留め、見本を見せた後にすぐ真似してやってもらう指導でよく伸びます。なお、体系的な補足説明よりも、パターンを入れ替えてどんどん体験を重ねるようなやり方が効果的です。

　このスタイルの学習はそれほど言語に頼らないため、多文化的な場面での実践教育にとても強く、指導スタイルさえ合わせれば、早い成長につながりやすいです。

● 経験的な学習重視の指導上の注意

　この指導スタイルの注意点は、安全確保とリスク管理です。

　説明を省くといっても、安全面の説明まで省くことや、リスクを無視して行動だけで進むことがないように配慮しなければなりません。

2 洞察的な学習重視の人への対応

図表 5-③ 新しいことが身につくまでのプロセス【再掲】

課題についてふり返る

　基本的に、一般化に向けて目の前の課題から出発するボトムアップの学び方になります。野球に例えれば、試合の後に、その日のよい点や悪い点をノートにまとめて反省し、次の練習に活かすことに当たります。

　近代的な学校教育では機会が少なくなっていますが、業務の改善に向けた高い志をもって取り組む日本の実践現場もそれなりに得意とする学習スタイルです。

● 洞察的な学習重視の文化の特徴

　このような人が最も学びやすい学習環境は以下の通りです。

・活動後に考える余裕がある
・一歩引いて出来事をみることができる
・考えて準備する時間を与えられている
・自分で調べることができる
・見直しのチャンスがある
・感想文を書ける
・安心して意見交換できる場がある
・自分のペースで取り組める

このタイプに当てはまる外国人介護スタッフの適切な学びには、とにかく体験や出来事について自分なりに考える時間と、それを何らかの形で表現できる機会が必要です。経験などに対して、それについてふり返る、湧いた疑問点について調べる課題を与えることがよい学習につながります。

● 洞察的な学習重視の指導上の注意

効果的に指導をするには、実技指導の中で本人が質問する機会を設けることが重要です。さらに、本人が指導者側から質問を受けた際に、その答えを考える時間を与えるようにしましょう。頻繁に「ミニ反省会」を取り入れることも重要です。

この指導方法は、自己表現を前提とするため、自分の考えを日本語で言語化できるための支援も同時に必要です。

3 理論的な学習重視の人への対応

図表 5-④ 新しいことが身につくまでのプロセス【再掲】

理論から実践に取り組む

これは、トップダウン型の学習スタイルです。例えば野球雑誌の記事を読んで、その分析や解説に書かれていた理論を練習で実行して自分のレベルを上げるという学び方です。

価値面や情緒面を大事にする日本の福祉現場においては、得意とする

人は多くないかもしれません。むしろ「理屈っぽい」ものとして好まれないこともありますが、例えば筆者のような大陸ヨーロッパ諸国及び学校教育が歴史的にヨーロッパ文化に影響を受けてきた南アジアなどではよくみられる学び方です。

　特に、高学歴の人や専門性・科学性に重きをおく人の中にみられます。

● 理論的な学習重視の文化の特徴

　このような人が最も学びやすい学習環境は以下の通りです。

- ・背景理論まで学べる
- ・様々な考え方を追求できる
- ・踏み込んだ質問をする機会がある
- ・知的な挑戦ができる
- ・明確な目的と枠組みに沿って学べる
- ・論理展開や概念について読める
- ・成功と失敗について分析できる
- ・複雑な体験ができる

　このスタイルを得意とする外国人介護スタッフは、物事を難しく、複雑に分析して考えた方がかえって覚えやすいのです。

　そのため、教えるときに必ず理論的な裏付けまで触れることが重要です。それがないと、落ち着かず、関連づけがないため、覚えにくくなります。

　説明するときに、納得のいくように毎回の学習目標の提示はもちろん、学習内容及び手順の体系的な組み立て方も求められます。

● 理論的な学習重視の指導上の注意

　理論を得意としない指導者にとって、根本的な質問や根拠を追求する

質問を立て続けにされることはイライラする原因になりやすく、学習者が頭でっかちにみえてしまうかもしれません。

しかし、学習者のニーズに応えることがもっとも早い成長を見込めるため、対応できるように準備しておく必要があります。

教える内容については、できる範囲で理論的な背景まで事前に調べると同時に、答えられない質問などがあった場合も焦らずに、次回まで調べる、あるいは本人に調べさせる、参考書を紹介するなどの対応が考えられます。

4 実践的な学習重視の人への対応

図表 5-⑤ 新しいことが身につくまでのプロセス【再掲】

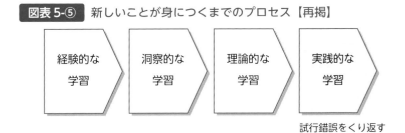

試行錯誤をくり返す

これは、自分なりに仮説を立てて実行に移す学習スタイルです。

野球なら、いくつかの投球フォームを試した経験から、細かい工夫を考えて、よさそうな工夫であればそれを実際に試してみて、効果があったら自分のフォームに取り入れるといったことが挙げられます。

この学習スタイルは、規範的な側面よりも実用性を重んじるアメリカ文化が典型的ですが、それに影響されたアジア諸国でも見受けられます。また、決まりごとを重視しやすい日本文化と比べて、中華文化圏の中でもこのような傾向の人がいます。

● 実践的な学習重視の文化の特徴

このような人が最も学びやすい学習環境は以下の通りです。

・学ぶ内容と実際の仕事を関連づけられる
・物事を試して、フィードバックをもらえる
・様々なやり方を見比べることができる
・仕事にそのまま役立つ技術を学べる
・学んだことをすぐ実践できる
・学習活動に有用性がある
・実用的な課題に取り組める

要するに、このタイプの外国人介護スタッフは、「学習のための学習」が最も苦手で、学んだことがどのように仕事に結びつくかを常に示すことが最優先です。

したがって、指導の中で、カバーした内容をすぐでも使えるようにするために、学ぶ順番を工夫したプログラム作りが求められます。また、実践的な問題解決に取り組んでもらえるように、いわゆる課題型学習（PBL）が有効です。

● 実践的な学習重視の指導上の注意

実践的な学習重視の文化の人への指導で注意したいことは、学習内容の有用性や実用性、つまりそれが仕事において役に立つかどうかを決めるのは指導者ではなく、学習者本人であるということです。

そのために、学んだことを比較しながら自分で試行錯誤できるように、「やり方A」と「やり方B」のように選択肢を提供することも重要です。

第**3**節 「介護教材」の選び方

外国人介護スタッフを採用した場合、多くの施設でテキストなどの資料作成をすると思います。

また、介護の職に就くために多くの外国人が日本に入国するようになってから、そのような外国人向けの学習教材も多く出版されてきました。しかし、様々な種類の書籍が出版され、どれを選べばよいか迷う人もいると思います。

実は、どのような資料や介護教材がよいかというのは、一概には言えず、文化に応じた視覚的・聴覚的・運動的な記憶の仕方によって異なってきます。

第3節では、これらの記憶の仕方を考え、適切なバランスをとれた教材について検討します。

1 学習スタイルごとの教材選びの考え方

● 言語に頼る学習文化

まず、視覚的・聴覚的な学習スタイルは言語をよく使う学び方です。同じ言語でも、視覚に強い人は読み書き、つまり文字を通じた学習がしやすいですが、聴覚に強い人は聞く・話す言語の方が覚えやすいです。

● 「聴覚的」な学習スタイルの場合

日本は大切なことを伝えるときに文字化する文化の一つで、学校教育の中でも教科書や板書から学ぶことが多いです。この学び方しか知らないと、意外に思うかもしれませんが、口頭でのやりとりの方がもっと重

みがあったり、あるいは学校でも復唱などが頻繁に使われたりする文化もあります。

　このような文化の出身者は、一般的に日本人よりも文字によるやりとりが苦手で、口頭でのやりとりの方が得意です。そのため、介護現場でも朗読や復唱などの学習方法を取り入れる必要があります。

●「視覚的」な学習スタイルの場合

　視覚的な学習が得意な外国人介護スタッフは、学ぶ内容に関する図やイラスト、写真などがあると学習効果が上がります。そうした配慮のないテキストであっても、例えばいったん話を止め、目を閉じるなどして、言語情報を視覚的に想像させるという手法も有効です。したがって、そのための時間を学びの中で確保することが役に立ちます。

● 資料作成の際の注意点

　覚えなければならない情報がどこに書いてあるかなど、ページに書いてある位置やレジュメ・教科書のレイアウトを手掛かりとする人に対しては、資料作成時には箇条書きをしたり配置・色使いへの工夫・配慮も求められます。

　聴覚的な記憶が強い人には、必要に応じて印象に残る音楽や関連づけるための効果音などを活用することが有効です。パワーポイントでも、サウンドつきのスライドを作ることができます。もしくは、覚えなければならない手順などを復唱できる歌にすることも方法の一つです。

●「運動的」な学習スタイルの場合

　運動的な学習スタイルの外国人介護スタッフは、体の感覚で物事を覚えています。これは、動作を身につけるだけでなく、学習内容を手で書くことも含まれます。

　漢字圏のせいか、日本も書いて覚えようとする人が多いです。この方

法は、例えば筆者自身も漢字学習の他に活用したことがなく、欧米型の学校教育の中であまりみられない学び方です。

　運動的に学習して記憶する人は、自分で動く・書くだけでなく、他者の身体的な動作にも敏感です。そのため、教える側も動きを取り入れた方がより高い学習効果につながります。動画や実技演習はもちろん、例えば板書のようなものも、相手の動きを間接的に自分の体感として経験できる機会になります。

　そして、視覚的なスタイルと同じく、学んだことを実際にやってみたときの身体的な感覚を想像するイメージトレーニングを行うこともできます。

2　バランスのよいミックス教材を使おう

　文化や人によって、記憶しやすい学習スタイルは決まっているものの、使う感覚や情報が入るチャンネルが多ければ多い程覚えやすくなります。

　そのため、個別指導や学習においてその人にあったスタイルの割合が多くなるように調整しながらも、五感で感じる実体験にできるだけ近い教え方が望ましいです。特にリアルタイムで指導する場合はなおさらです。

　具体的には、なるべく見る・読む・（音を）聞く・（話を）聴く・言う・書くの全てを組み合わせた教材を考えましょう。同時に複数の感覚に働きかけることは、覚えやすさにつながります。

　そして、記憶することをさらに促すために、同じ内容については、働きかける感覚を切り替えてくり返し扱うことも大切です。同じことを文字でも、声でも、図でも、動画でも、動きでも、実技でも、その他の手法でも何回も取り上げることです。

第4節 【事例】 指導方法の多様化がもたらす利点

　ある施設では、外国人介護スタッフのFさんを受け入れて、日本人スタッフのGさんが指導担当者になっています。Gさんは自分の介護技術を伝達しようとして、最初は簡単な説明をして見本を見せながら教えようとしましたが、Fさんは「なぜそのようにするのか」という質問が多く、なかなか素直に学ぼうとする姿勢ではありませんでした。

　Gさんはだんだんとイライラを募らせ、Fさんの上達もしばらくはみられませんでした。しかし、GさんはFさんの様々な「なぜ」について、自分も気になりはじめ、そのうちに教えようとしている介護技術の専門的な背景や生体力学的な基盤も調べるようになりました。

　しばらくして、GさんはFさんの質問にも答えられるようになりました。すると、Fさんが納得して学ぶようになり、上達もみられました。

　また、理論的な観点からも説明できるようになることで、Gさんも自身の介護技術についてより自信をもてるようになりました。

● 二人はどのような学習スタイルだったか

　この事例を本章で整理した学習スタイルに沿って分析すると、次のようになります。日本人スタッフGさんの初期の教え方は、「とりあえずやってみよう」という経験的な学習スタイルに沿ったものでした。

しかし、外国人介護スタッフFさんは母国で受けてきた教育のなか
で、頭できちんと理解しないままいきなりやってみるという学び方をし
てこなかったでしょう。教える人に頻繁に質問する、教わる内容の理論
的な根拠について一緒に考え、自由に話し合うという教育を受けてきた
ようです。

　この不一致のため、指導の場面で摩擦がみられ、学習効果も低かった
のです。

● 指導方法の多様化は外国人だけでなく、日本人にもプラスに

　その後、Gさんは、Fさんの質問に答えるための努力をすることで、
結果的にFさんの気持ちと学習ニーズに応えられるようになりました。
具体的に、実行に移す前にFさんの疑問が解消し、納得のいくところま
で介護技術の根拠を体系的に説明する教え方に切り替えました。

　これは、結果的に外国人介護スタッフFさんの文化により合った理論
的な学習スタイルを配慮した教え方でした。そして、その過程の中で、
理論的な背景まで把握し、他者に筋の通った形で明確に伝えられるよう
になることで、日本人スタッフであるGさんの介護技術と知識も向上し
ました。

　指導方法を多様化することは、外国人への文化的な配慮、指導効果の
向上という一時的な効果だけではなく、**日本人スタッフの学びを深める**
という副産物的なプラスにも結びつくのです。

時間のとらえ方

時間の「流れ方」は文化によって違う

　一緒に仕事をする相手とのコミュニケーションなどのやりとりをするとき、時間感覚が合わないと、かなりフラストレーションが溜まります。読者のみなさんも、時間ばかり気にしてせかす上司、あるいは時間を守らない同僚などとかかわるなかで、様々な嫌な思いをした経験があるかもしれません。

　そして、組織の時間感覚とそこで働かなければならないスタッフの時間感覚が合わないと、対人レベルの摩擦に加え、場合によっては全体の業務の進み具体に影響があり、様々なトラブルの原因になります。

　日本の介護施設でも、文化の異なる外国人介護スタッフとともに働くなかでは時間感覚の影響が非常に大きくなっています。

「複数の時間軸」の文化

　日本で生活している私たちは、当たり前のように「時間は守るもの」と信じています。日本で生活すると、あたかもそれが絶対的な真理のように感じています。

　しかし、時間のとらえ方は、世界共通の絶対的なものがあるわけではありません。それぞれの国で、どの程度時間を守るべきなのかは、人々の間にできている社会的な約束によって決まります。

　そして、この約束が違えば、時間の守り方も違ってきます。ここで

は、日本と異なる時間の文化的なとらえ方の理解を深めます。

1 日本文化と違う時間のとらえ方

● 複数の時間軸

　日本の基準ほど時間を守らない文化はどのように時間をとらえているのでしょうか。それは、時間を直線的にとらえず、複数の時間軸をもってとらえています。そして、他のアジア諸国は伝統的にこのような文化をもつ場合が多く、外国人介護スタッフの多くも本来の感覚はこれに近いことが想定されます。

　複数の時間軸とはどういうことかというと、時間を人々が従わなければならない限られた資源としてではなく、人々のための自由に使えるものとしてみているのです。例えば「間に合わない」のなら期限を延ばせばよいといった考え方のほうが強いのです。

　人々が時間に行動を合わせるのではなく、時間を人々のニーズに沿って調整する考え方です。時間は無限で、「今は忙しすぎる」ということはありません。物事を必ずしも順番ではなく、状況に応じて同時に進めます。

　したがって、新しい仕事などに取り掛かる前に他の課題を終わらせる必要がないと考えています。そして、相手に対応するために、前の相手とのやりとりを完全に終えることも求められません。

　このような文化で生まれ育った人は次のような特徴があります。

【複数の時間軸をもつ文化の特徴】

・同時に複数の物事を進めることを好む

・作業中でも周りの出来事にも気をつかう

・作業中の「邪魔」は邪魔にならず、作業をそのまま、あるいは後で続けることができる

- 時間は直線的ではなく、多面的に、締切やスケジュール管理を流動的にとらえる
- 作業の期限よりも、その出来や質を優先する
- 計画を柔軟に作り、すぐ簡単に修正できる
- 目の前の課題よりも、目の前の人や人間関係を優先する
- 作業の進み具合は人間関係の質や状況による
- 仕事やプライバシーなどの自分のことよりも、他の人とのつながりや共有を重視する
- 長期の親密な人間関係の形成を求める

　複数の時間軸の文化では、待ち合わせの時間などで人を待たせてしまっても、「事情があったから許される」ということが当たり前にあります。

　課題の進み具合よりも、人との関係性を大事にするため、何かを途中で断って、自分の作業を終えてから後で対応するということが難しいです。したがって、その場で丁寧な対応をすることにより、全体の作業に遅れが出やすいのです。

●　「忙しい」が理由にならない

　このように、「時間」に合わせるのではなく、「作業」や「人」に時間を合わせるという感覚の文化です。

　むしろ時刻や立てたスケジュール・計画という外的な縛りは、「今とここ」の感覚や状況によって柔軟に考え、頻繁に変えることが普通です。

　また、「忙しい」ということは「時間を絶対的なものとしている」からこそ生まれる感覚です。したがって、この文化では「忙しい」を理由に周囲に遠慮することも、相手を断ることも失礼であり、むしろこのような「邪魔が入ること」は人とのつながりを深められるチャンスとして歓迎されます。

● 介護現場ではこの文化のメリットを活かす

　発想を変えれば、このような文化を背景にもつ外国人介護スタッフは臨機応変さに長けていると言えます。つまり想定外の出来事に強いのです。業務よりも人を優先するため、周りの迷惑にならなければ良好な人間関係を築きやすいメリットもあります。

　これは、利用者とのよいコミュニケーションをとることが重要な介護の仕事を考えるとポジティブにとらえることができます。また、利用者と話す際の姿勢を日本人スタッフが逆に学んでみると、双方にとってよい結果になるでしょう。

● 悪意があるわけではない

　複数の時間軸をもつ文化の人には、スケジュールを守らなかった際に、「約束したのだから」とか「ウソをついたのか」という怒り方は禁物です。そもそもスケジュールの優先順位が低いだけで、悪意があって守らなかったわけではないからです。

　このタイプの時間感覚をもつ人は、仕事中の私語も気にならないため、仕事中に話さない人や普段、仕事の話しかしない人の気持ちを理解できません。したがって、仕事中に話をしない日本人スタッフに自分が嫌われていると勘違いしてしまうリスクがあります。

● 日本文化や職場の規定にぶつかってしまう場合の対応

　このように、日本文化や職場の規定にぶつかってしまう場合、その場での指摘や叱責をするのではなく、後々話し合う場を設けましょう。

　この際に重要なのは、お互いの文化的な背景を説明してから、外国人介護スタッフに納得してもらうことです。なぜなら、この文化は日本文化と優劣をつけられるものではないからです。「守って当たり前」とか「日本ではそうするものだ」と一面的に指示をするだけでは不満をもたれたり、「差別を受けた」ととらえられる恐れがあります。

　納得してもらうためのポイントになるのはお互いの立場を認め合うことです。お互いの行動の背景にある考え方や価値観を理解することができれば、相手を自分の物差しだけでみないで、許す気持ちも自然と伴うため、対立することもなくなります。

　そして、それぞれの文化的な基準や立ち位置の相互理解を踏まえて、お互いに近寄れる範囲を一緒に探り、お互いが少しずつ変わっていけばよいのです。つまり、「正しい」や「間違っている」の二項対立で考えるよりも、どうすれば仲のよい関係、ともに働ける環境を作れるかを考えることが重要です。

2　時間感覚の差に優劣はない

　複数の時間軸をもつ文化の人が単一の時間軸をもつ文化（日本）とともに仕事をすると、日本側からはルーズな印象を抱きがちです。しかし、これは単にお互いの感覚がずれているだけであって、どちらの文化に優劣の差をつけられるものではありません。

● アジアンタイム・沖縄タイム

　複数の時間軸をもつ文化の考え方について深めてきて、複雑な思いを抱く読者もいるかもしれません。

実際に日本にはあまり響きのよくない言葉として「アジアンタイム」や「沖縄タイム」があります。

　この二つは、複数の時間軸で物事を考える人の気持ちを理解していない、あるいは見下すような人が「時間を守らない文化を揶揄する」意味で使う場合があります。

　一方で、これらの感覚を現代の日本よりも人間らしい、あるいは実に福祉的など、ポジティブな印象を受けた読者もいるでしょう。実際に、同じ「アジアンタイム」や「沖縄タイム」という言葉を当事者が使う場合、またそのような時間感覚にも憧れて現地に移住している・したいなどの人が使う場合もあります。

　このような場合の「アジアンタイム」や「沖縄タイム」は、むしろ時間に細かい日本文化の堅苦しさと対照的に「生きづらくない違う時間のあり方」というよい意味合いで使うことが強いです。

● どちらもメリットがあり、デメリットがある

　複数の時間軸に沿った物事のとらえ方と、そうでない日本の時間感覚を比べた場合、それぞれにメリットもデメリットもあり、どれが優れているかは判断できません。

　もしも介護現場で、外国人スタッフの時間に対する文化を一方的に劣っているものとして位置づけて、「ここは日本の施設だからその時間管理に従うのは当たり前」という態度をとれば、よい関係構築ができず、みんなで気持ちよく働ける職場でなくなってしまいます。

第2節の最後で、時間感覚の違いにはお互いにメリット・デメリットがあり、優劣をつけてはいけないことを述べました。これをより実感してもらうには、複数時間軸だけでなく、単一時間軸についてや、自分の文化をふり返る（自己覚知）必要があります。

そこで、第3節では単一の時間軸の特徴もみていきましょう。日本的な時間観もこれに準じています。

単一の時間軸の文化で生まれ育った日本の人々からすると、単一時間軸こそが「常識的」に思いますが、実はそんなことはないどころか、日本文化も複数時間軸を持ち合わせており、「時間を厳守する特徴がある」ということも、実際のところは例外もあります。

1 単一の時間軸をもつ文化の特徴

日本は、単一の時間軸をもつ文化の一つです。このような文化では、時間が直線的に過ぎていくのみで、時間は貴重な資源としてみられています。したがって、人々は与えられた時間を活用し、人々のニーズはスケジュールや締切などに従う必要があります。

時間は厳密に測れるものとして、活用できる量が限られています。人々は、状況にかかわらず、仕事や課題に一つずつの順番で計画的に取り組みます。

単一の時間軸をもつ日本文化では、時間は計画に沿って直線的に順番で進むため、丁寧に並ぶ習慣や一対一で対応する習慣があります。

例えば、日本ではバス停などでも並びます。これは世界的にみても珍

【単一の時間軸をもつ文化の特徴】

・物事は一つのことに集中して取り組むことを好む

・周囲よりも目の前の作業に集中する

・自身の作業に集中し、作業中に他人の邪魔をしない

・時間は直線的なため、締切やスケジュール管理を真面目にとらえる

・作業の中味よりも期限などの時間的な制約を優先する

・作った計画を守って行動する

・関係している人よりも、目の前の課題を優先する

・作業を早く粛々と進める

・自分の仕事やプライバシーを重視する

・短期の軽い「お付き合い」程度の人間関係の形成を求める

しいことです。また、自分と他人の時間を無駄にしてはいけないため、遅れることや他人を待たせること、作業中に邪魔をすることは失礼に当たります。決まった計画や約束は固定で、変更が好ましくなく、守ることが重要です。

　予測不能な出来事は対応が難しく、避けるべきものとしてとらえられます。締切やスケジュールが絶対的で、それに間に合うために作業のみに集中して取り組みます。

　さらに、ある時点で一つのことに集中して、課題を一つずつの順番でこなすことが効率的に考えられます。ある人とかかわる際に、他の人に呼びかけない方が礼儀正しく、周りよりも、目の前のやりとり中の人に気を使うことが求められます。仕事中の私語は、休憩や勤務が終わるまで我慢するべきものとして位置づけられます。

2　複数の時間軸もある日本文化

　実は、日本文化は複数の時間軸をもつ文化的な特徴も持ち合わせており、混合型の側面もあります。

● 食事の例

　例えば、食事はその例の一つです。多くの欧米諸国のテーブルマナーでは、食べる順番が決まっています。これは完全に直線型の時間軸をもっていることの象徴です。これらの文化では基本的に、前菜からデザートまで一皿ずつ手をつけます。それに対して、日本の食卓は一定の順番を守りながらも、複数の物が同時に並び、少しずつ摘まんでいきます。

● 仕事文化の例

　実は日本でも時間管理より目の前の人や課題の中味を優先する場合が少なくありません。その典型は、開始時刻に厳しいのに、終了時刻がしばしば曖昧になっている仕事文化です。

第6章冒頭より

労働時間が規定の8時間を越え、帰宅が定時を過ぎる理由として次の二つが挙げられます。第一に、仕事の中味へのこだわりがあり、いつまでに絶対に終わらせるということよりも、出来や質を重視することがあります。

　次に、周りの目や空気を気にすることです。例えば、予定しなかった対応が入ったら、端的に時間を理由に断ることは難しいです。さらに、上司や部下の帰宅時間を意識して、同僚と仕事仲間の様子を伺いながら職場に長居する人も多いです。

● 時間の考え方に「絶対」はない

　日本文化は単一時間軸的な考え方が強い文化ですが、複数の時間軸という考え方ももっていることがわかりました。また、日本だけではない多くの国で以前は複数の時間軸の考え方をもっていたことが多く、それが腕時計の発明や普及、また近代化などの時代的な背景に沿って単一時間軸へと変化してきたことも事実です。

　このように考えると、私たちが当たり前のように考えてきた時間への考え方が絶対的ではなく、状況や時代によって柔軟に変化しうるもので、優劣をつけがたいということがわかったのではないでしょうか。

　そして、こうした理解があれば、外国人介護スタッフの時間のとらえ方の違いによる行動のずれやスケジュールの遅れに対して理解がしやすくなります。

　しかし、身近な対人援助場面で他文化のスタッフにどこまで適応を求める必要があるかは別問題です。これについては第4節で考えてみましょう。

4節 時間感覚の違う 外国人介護スタッフの支援

1 遅刻しがちなスタッフへの対応

　仕事や会議の開始時刻に遅れがちな外国人介護スタッフに対しては、指摘や指示という一面的な対応をせず、本人がどのような時間のとらえ方をした文化なのかを見極めるのがポイントです。

　では、複数の時間軸をもつ文化出身者の場合、実際にどのような遅刻要因があるのでしょうか。

● 多くは「仕方なく」遅刻している

　日本に来る外国人介護スタッフなら、日本では時間厳守が重んじられることは十分に理解しているはずです。したがって、単に時間を無視している、あるいは甘く考えている、だらしないという可能性は低いです。

　むしろ、「仕方なく」遅刻しています。つまり、その外国人介護スタッフの立場から考えて正当な理由があったか、もしくは遅刻の要因が本人の力だけで取り除けたかを考えた方が解決につながります。

● 時間を理由に断れない

　複数の時間軸のある文化の特徴からみれば、時間を守れない背景にはたいてい他人との何らかのかかわりが絡んでいます。例えば、朝の遅刻では大家さんや近所の人に止められてしゃべっていたなどです。また、家族などの他の人に約束した作業にとらわれてしまったということもあります。勤務中の会議であれば、利用者の対応が長引いたなどのことも

想定されます。

　日本のように、単一の時間軸で物事を考える人であれば、このような場合は「今はちょっと」あるいは「さて、時間なので」と簡単な一言で断れるでしょう。また、同じルールで時間を考えている相手もそれに難なく納得してくれます。

　しかし、複数時間軸の文化的な規範ではこれがなかなか難しく、時間のために断らなければならない発想も薄ければ、仮にしたくても対人スキル的にかなり断りづらいのです。というのは、複数の時間軸のある文化では時間のために人を断ることはしてはいけないということが当たり前だからです。

● 外国人介護スタッフへの「遅刻対策」

　解決策は本人の「断る術」の向上と、遅刻要因への直接的な対策です。

・「断る術」の向上

　前者は、「日本の文化では時間を理由に断ることはしていい」「相手も怒らない」という日本的な立場の説明が必要です。それを踏まえて、本人の価値観の幅を広げるようにも働きかけながら、実際に断る言葉や断り方を教えて、ロールプレイなどの練習をすると安心です。

ロールプレイでの練習

・遅刻要因への対策

　初期の頃は本人の価値観や日本語の会話力からして、断る術を向上させるアプローチは限界があります。そのため、必要に応じて日本人スタッフ側から遅刻要因を取り除くような支援も重要です。

　特に施設内では、会議などの開始時刻前に外国人介護スタッフを探して、誰かに捕まっていないかを確認することが有効です。そして、本人の代わりに日本人スタッフから相手に声かけをすれば、本人が自分で断らなくても、解放される「言い訳」ができ、自由に会議などの次の業務に取り掛かれます。

　また、上司や外国人介護スタッフの受け入れ責任者や指導担当者のみでなく、その他の日本人スタッフや場合によっては利用者も含めてそうした文化的な配慮について周知・お願いをすることも一つの策です。

2　業務に時間のかかるスタッフへの対応

　似たような問題として、一つひとつの業務に時間がかかる外国人介護スタッフがいます。

　そのような外国人介護スタッフは一人の利用者の対応に時間がかかり、次の人を待たせてしまい、仕事が順番で回っていかない状況が起こります。原因は同じで、手順や時間よりも目の前の人との丁寧なかかわりを優先する文化的な価値観が背景にあります。

　母国の文化なら、本人はもちろん、待たされている側などの周りの人々にとっても当たり前のことで、次の人も理解してくれます。しかし、日本の利用者や業務手順はそうはいかないかもしれません。

　この場合も、時間に対する日本の文化的な感覚と周囲の日本人のとらえ方や気持ちについて説明して、それに対する理解を促すことが最初に重要です。そして、日本的な価値観の理解を経て、時間になったら切り

上げるための声かけなどの訓練を行いましょう。

　外的な要因として、日本人スタッフも声かけをすることで、さらにフォローできます。また、このような場面は比較的に前もって読めるため、計画的に準備することも可能です。

　例えば、簡単なタイマーを持ち運び、対応に当たる前に利用者とも「これが鳴るまでですよ」という共通理解を形成します。そうすれば、時間になったら、「時計が鳴りましたから」と自然にかかわりを終える外的な理由ができ、外国人介護スタッフも断りやすくなります。

第 **5** 節　長期を見据えた時間管理

　最後に、より長期的な時間管理の問題とその支援について把握しましょう。

1 業務過多の状況を作らない

　これまでみてきたように、複数の時間軸をもつ外国人介護スタッフは複数の作業に同時に手をつけながら物事を進める傾向があります。これ自体は問題がありませんが、日本の職場における業務の組み方はそれを前提としておらず、キャパオーバーや、遅れなどのトラブルの原因になる可能性があります。

　対策をとるには、日本人スタッフ側が、そのような事態が生じてしまうしくみと相手の文化に対する理解に加え、本人への働きかけと適切な環境の整備が必要になります。

● 本人にわかってもらう

　同時進行による業務過多が起こる主な要因として、人に頼まれたら、断らない、あるいは他の作業中でもすぐに取り掛かってしまうことがあります。この場合は、まずは既に始めている作業が済んでからでもよいということを明らかにし、本人にもその見方を身につけるように説明することが重要です。

　必要に応じて断るスキルを高めることでも対応できます。

● 作業を依頼する側にも配慮してもらう

　本人は業務の自己管理が難しい場合、依頼する側の工夫も必要です。例えば、外国人介護スタッフが作業を一つずつ確実に終えたのを確認してから頼むなどです。

　つまり、外国人介護スタッフの作業中には他の依頼や指示をしない体制を作ることが最も手っ取り早いのです。

2 細かい締め切り設定と柔軟な時間管理

　複数の時間軸が主流になっている文化の出身者は、締切を見据えて作業を進め、長期のスパンで締切を守ることも苦手です。これは決まった締切を絶対的なものとしてとらえず、必要であれば延ばせると考えているためです。

　また、多くの日本人が得意としているように、計画をもって一つひとつ着実にコツコツと作業することも慣れていません。

● 細かい締め切り設定

　このような外国人介護スタッフを支援するためには、普段よりも間隔が狭い締切設定や日々のフォロー・確認などの通常よりも細かいスケジュール管理を導入すると便利です。しかし、それでも最初は一人だけ

では困難に感じやすいため、慣れるまではペアやチームを組んで、一緒に進めることも一つの手です。

　そして、いわゆるガントチャート（図表6-①）などのシンプルで視覚的なツールを活用し、見やすい場所に掲示し、頻繁に確認することを習慣づけることで助かる人もいます。

図表6-①　ガントチャートの例

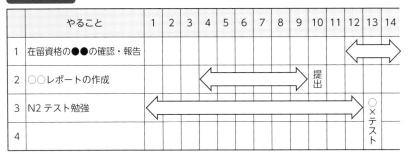

	やること	1	2	3	4	5	6	7	8	9	10	11	12	13	14
1	在留資格の●●の確認・報告														
2	○○レポートの作成									提出					
3	N2テスト勉強													○×テスト	
4															

● 柔軟な時間管理にする

　スケジュールや締切を含めて、外国人介護スタッフの日本文化への適応を支援することは必要ですが、逆に、彼らの受け入れをきっかけに、施設全体においてより柔軟な時間管理に挑戦することもできます。

　本当に必要な締め切り設定も中にはあるかもしれませんが、ふり返ってみてみると「本当にこの日までに必要な理由とは何だろう？」というようにもう少し柔軟にしてもよい事柄もあるはずです。

　こうすれば、誰にとってもより仕事しやすい、より生活しやすい空間を作るチャンスにつながるかもしれません。

【事例】
失礼にならない断り方を覚えてもらう

　ある介護施設に迎えた外国人介護スタッフのHさんは、介護技術が優秀だけでなく、人に好かれる性格の持ち主として、来日当初から職員からも利用者からもとてもよい印象をもたれていました。

　最近は、日本語も上手になり、一人で業務をこなすようになりました。ところが、それに伴い、利用者より「少し失礼に感じる」という声が受け入れ責任者に届くようになりました。

　届いている情報を見ていても、その理由には「なんとなく」という意見が多く、具体的な原因がはっきりしませんでした。

　詳しく様子を見るために、Hさんに同行して直接的に実践を観察するようにしました。

　その中で、Hさんは、ある利用者の介助中に、他の利用者の声かけに応じ、その人としゃべりながら作業する場面があることがわかりました。

● どんな文化なのか

　Hさんの行動は、複数時間軸の強い外国人介護スタッフの特徴があります。すなわち、目の前の人を介助しながら、他の人と会話をすることは普通にあり得る文化なのです。

しかし、単一時間軸で物事を考える日本の利用者にとっては、このような行為は失礼な印象を与え、クレームの原因になっています。

日本の単一時間軸の文化では、「手作業」と「会話」は、場合によっては物理的に同時作業が可能な組み合わせであっても、二人の相手に同時に対応することが許されないためです。

● 解決策「見てもらって、やってもらう」

次のことが考えられます。介助などの作業中に、どの介護スタッフも他の利用者に声をかけられることがあるため、その場合の日本人スタッフの対応をＨさんに意識的に見てもらいます。

このような場合、日本人スタッフが、そのスタッフに声をかけたときに「○○さん、ちょっと待ってくださいね」とか、「○○さん、あと少しですぐ行きますから」などの言葉をかけることに気づくでしょう。

つまり、日本文化においてこのようなときに許される簡単な断り方は、二人の利用者どちらに対しても失礼にならないように、一瞬で事態を解除して、順番で対応する流れを作ります。

そして、次のステップとして、その必要性を理解した上で、Ｈさんにもこのような断り方を覚えてもらい、場合に応じて、自信をもってできるようになるまでロールプレイで一緒に練習していくことです。

「仕事」と「介護」のとらえ方

読者のみなさんは、職場の同僚に対し、仕事に対する熱意や温度差などの違いで悩んだことがありますか。これにも文化が大きく影響しています。

　私たちは長い時間を職場で過ごします。また、介護は一般的な職場よりも人間関係が複雑です。同僚同士に加え、利用者や家族とのかかわりもあります。その中で、職位や職種、役職や役割、性別や年齢の違いなど、様々な側面に気をつけなければなりません。

　介護や仕事に関する文化が違えば、多くの誤解が起こるでしょう。

　このようなトラブルはお互いの文化の仕事や介護の「とらえ方の違い」に原因があるかもしれません。本章では、文化による「仕事観」の違いを理解し、どう対処していけばいいのかについてみていきます。

第 **1** 節　職場の「地位」の考え方

　文化が違えば、課長、部長、年齢など、職場内の序列や命令系統への考え方の違いによって摩擦が生じることはよくあります。そして、この摩擦は同じ文化の人同士でも起こります。

1 上下関係のとらえ方

　職場の上下関係の考え方は、高権力格差と低権力格差という言葉で説明できます。高権力格差というのは上下意識が強い文化のことです。低権力格差とは、より平等に職場内の人間関係を考える文化のことです。

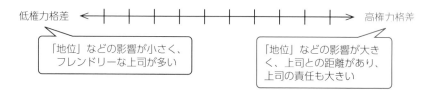

低権力格差 ←————————————————→ 高権力格差

「地位」などの影響が小さく、フレンドリーな上司が多い

「地位」などの影響が大きく、上司との距離があり、上司の責任も大きい

　現代の日本文化は全体的に低権力格差の傾向がありますが、高権力格差の特徴もあります。そのため、外国人介護スタッフの文化は日本と比べ、権力格差が高いケースと低いケースの両方を念頭におかなければなりません。

● 高権力格差の文化

　高権力格差の文化では、体格や体力の差と同じように、地位など、社会的な影響力の差を自然なものととしてとらえています。職場内で権限をもつ立場にいる人は、それを強調し、他人に譲ったり、シェアしたりしません。また、弱い立場にいる人と区別をつけたがります。

【高権力格差の職場の例】

　しかし、高権力の地位にいる人は、それに伴う責任も大きく、部下の世話まで求められます。下位の立場の職員では自発性を発揮することはあまり好ましくないと考え、指示に従って働くことがよいと考えます。

日本よりも高権力格差の文化の外国人介護スタッフからすると、日本の職場でよくみられる平等な意識に戸惑う可能性があります。

　これは、日々の対人的なかかわりについても、業務管理や役割分担についてもそうです。

● 目上の立場の人とのコミュニケーション

　高権力格差の文化では、指導を受ける際にどうしても目を逸らしてしまう人がいます。これは集中力の問題ではなく、あえて敬意を払っているためです。このような人は、目上の人への質問や理由を聞くことも苦手です。事実でなくても、相手が期待する答え方をします。例えば、わかっていなくても「わかりました」と答えやすいです。

　これはよく、「わからないからごまかそうとしている」という文脈でとらえている人が多いですが、それよりは相手への敬意を意識していることがほとんどです。

　先輩が休憩室に入ると、立ち上がるなどのような行動が見られます。目上の人とは同じ空間ではくつろげないため、休む場所を分ける必要があるかもしれません。食事会なども同じで、上司と一緒に参加させない、もしくはテーブルを分けるなどの工夫が求められます。

● 自発的な行動は控える

　高権力格差の人は、日々の仕事の中で優柔不断や怠慢に見える働き方をする場合があります。背景には、上下関係を意識していて、自ら何かをしようとすることは自分の権限を越えるためにするべきでない、と考える文化があります。要するに、自発性は報われないという価値観が強いのです。

　動く必要性に気づかないわけではなく、ただそれは自分で決めることではないというとらえ方をするわけです。

　したがって、自ら動きづらい外国人介護スタッフに対しては、「やら

なければならないとわかっているはず」と考えず、細かい指示を頻繁に
出すことが重要です。

● 低権力格差の文化の場合

　対照的に、低権力格差の文化は、社会的な地位や権力の差を不自然に
とらえ、建前に過ぎないと考えます。職場で権力をもつ人は、それをあ
まり強調せず、部下との距離を縮めようとします。具体的には、できる
だけ権限を譲ってシェアし、部下に託すようにします。

【低権力格差の職場の例】

　下位の職員は自発性が報われるため、上位の職位からの細かい管理を
好みません。その代わりに、上司と部下の間に自由なやりとりがあり、
質問や意見の対立もあります。上司はスタッフの一員として自分をみて
おり、部下との関係は民主的な側面が強いのです。

　そのため、日本よりも低権力格差の外国人介護スタッフは、口答えが
多いように写ります。

　命令だけでは動きにくく、疑問を取り除くように質問攻めをする場合
があります。対応方法としては、丁寧に理由を説明することが重要です。

　逆に、自分の考え方がはっきりしていれば、上司に確認せず、どんど
ん進んでしまうこともあります。その背景には、状況に応じて主導権を
とることや、率先して独自の成果を出すことが高く評価されるという価
値観があります。

● 報・連・相の考え方を伝える

日本人スタッフは質問攻めについて、ある程度は我慢する必要がありますが、相互理解を高めるために働きかける必要もあります。

行き過ぎた独立行動は、介護現場ではリスクも伴うため、日本の組織における基本的な「報・連・相」の考え方を説明しなければなりません。

他にも、休憩など勤務外の場面で、馴れ馴れしく感じるような言葉遣いやふる舞い方があるかもしれません。それは日本の職場関係よりも対等な意識をもってかかわろうとするためです。綿密な言語コミュニケーションで相手をするのがおすすめです。

2 「地位がどう得られるか」の考え方

文化によって、社会的な地位はそれがどう与えられるのかという感覚にも差があります。具体的には「実力で地位を得る」のか「運命的に得る」のかということです。

介護の職場では、この違いによって働き方も異なります。この点については、「獲得地位重視」と「既定地位重視」の文化という分け方があります。

図表 7-② ②地位がどう得られるか

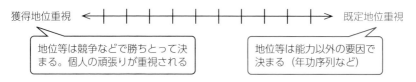

獲得地位重視 — 既定地位重視

地位等は競争などで勝ちとって決まる。個人の頑張りが重視される

地位等は能力以外の要因で決まる（年功序列など）

日本文化は、中間的なところにあります。

現代の日本文化は身分制度がなく、以前よりも年功序列の考え方が弱

まり、少しずつ能力主義が普及しています。獲得地位重視の側面が徐々に強まっているのです。

しかし、部分的に既定地位重視の側面も多くあります。例えば、まだまだ出身大学のブランド価値がキャリアに大きく響きます。そして、実際の力量よりもペーパーテストの有無を重視する資格志向も強いです。

また、日本は肩書きを重視する文化の一つでもあります。特定の資格、職業、役職、肩書きなどによって「先生」呼びをする文化も見られます。

職場内でも、昇進や役職の任命は、在職期間と年齢などが判断する材料の中で大きなウェイトを占める組織もたくさんあります。

そして、外国人介護スタッフも出身国や文化によって両方の特徴を持ち合わせていることがあります。これらの地位の由来をめぐるとらえ方の文化が日本人と外国人介護スタッフ間で違えば、トラブルも起こり得ます。

● 獲得地位を重視する文化

日本より獲得地位を重視する文化では、行動力が高く評価され、能力主義の考え方が強いです。職場内の地位は、個人の専門的な実績に由来するものとして考えられます。職位を上げる手段は、仕事の成果やパフォーマンスを上げることです。

このような文化の人々は、肩書きを重要視しておらず、その人の本当の業績を大事にします。学歴は重要ですが、それよりも実際に身につけている知識やスキルの方を評価します。したがって、社会的な地位や職場内の役職は、仕事の達成度が下がれば、失うこともあります。

● 獲得地位重視の文化が日本より強い場合の対応

獲得地位重視の文化が日本より強い外国人介護スタッフは、例えば、相手の年齢や経験・勤務年数だけでは尊敬の気持ちが湧きにくいです。この場合、日本の組織内の序列や役割分担などに納得できるように補足

説明を加え「見えるようにする」取り組みをしましょう。

　また、それぞれの立場にいる人々の能力のみでなく、それ以外の貢献などについても強調することが望ましいです。そうすれば、肩書きを越えてその人の地位を認めやすくなります。

● ポイントは「合理的な理由」を説明する

　このようなスタッフは、人々のポジションを臨機応変に考えるため、日本の組織内の命令系統を守らないことがあります。

　例えば、自分の直属の担当者を飛ばして、さらに上の上司や他の部署の人に直接相談しに行くことがあります。

　このようなことは、混乱の原因になりやすいです。それを避けるため、相談を受けた人（上司）は、そのまま相談に乗るよりも、その外国人介護スタッフ直属の担当者やセクションに話を戻しましょう。

　ただし、信頼関係を崩さないために、その点については本人にも了解を得る必要があります。これは、特にデリケートな相談内容の場合に重要です。

　了解を得るためには、本人の納得する理由を添えてあげましょう。

　組織で介護をする意味があるはずです。例えば、直接の担当者がその外国人介護スタッフを最もよく知っているし、相談役の役割も与えているから、その上の上司より時間もとりやすいなどです。

　こうした「組織が組織である合理的な理由」を説明してあげると獲得地位重視の外国人介護スタッフも納得しやすくなります。

● 既定地位を重視する文化

　一方、既定地位を重視する文化では、人々が自動的にポジションに着くように考え、出来が悪いからと言って、それを失うことはありません。

　尊敬されるステータスの前提は、よい家系や高い社会階級、年齢などです。

例えば、職場では能力や業績よりも、勤務年数や経験、忠誠心が重んじられます。教育面では、成績や学習成果よりも、出身校がいわゆる名門校かどうかが問われます。あらゆる肩書きが重視され、常に使う必要があります。

● 既定地位重視の考え方がより強い場合の対応

既定地位重視の考え方が日本より強い場合、自分の立場を当たり前のもの、自分は選ばれし者としてみてしまうリスクがあります。

この場合は、「ポジションについてからも頑張らないと困る」ということを単刀直入に伝える必要があります。

例えば、日本の介護現場で採用されたことはあくまでも入り口、始まりです。したがって、日本の施設としてはむしろその後の貢献、そしてそのための向上心や努力が重要という説明になります。

● 仕事の役割分担に配慮する

既定地位重視の考え方が強い外国人介護スタッフは、年齢や経験年数、性別の役割などにこだわり、これらに関する価値観は今日の日本よりも固い可能性があります。

この場合、年下や異性と比べて自分が弱い立場にいることに、またそのような人の指示に従わなければならないことに違和感を覚えます。

そのため、役割分担ではこのようなマッチングに配慮することが重要です。

そして、同国から複数の外国人介護スタッフを受け入れている場合、彼らの役職や昇進などを決める際にはなおさら気をつけなければなりません。

なぜならば、日本人相手よりも、同国人同士の間の方が、年齢や性別、場合によって出自や階級などに関する様々なしきたりがより強く意識されるからです。

3 「政治体制」の違い

　最後に、各国の政治体制が職場の人間関係に与える影響について触れなければなりません。

　戦後の日本は、比較的、自由な民主国家です。例えば、政治的な言動にそれほど神経を使う必要がありません。しかし、外国人介護スタッフの出身国は必ずしもそうとは限りません。アジアは独裁政権、大量虐殺や不当な拘束、拷問などを近年まで経験している国がいくつもあります。

　このような政治体制の下で生きる人々は、日々の言動に注意しなければなりません。容易にお互いを信頼し、心を開くことができません。日本の介護施設で働く外国人介護スタッフも、このような文化で生まれ育った場合、日本よりも悲観的な人間観をもつことがあります。

● 母国が独裁国家の外国人介護スタッフへの対応

　簡単な一言だけで、人が刑務所や収容所に連れて行かれる、殺されるという世界を経験している人もいます。このことは、日本人スタッフや利用者に対してのみでなく、同国人同士の中でも意見の違いなどの問題として表面化しやすいため、それを避けるようにする配慮が必要です。

　具体的には以下のことを避けましょう。

①本音で発言を求める
②デリケートなトピックやニュースについて意見を求める
③母国の政治や負の歴史を話題にする

● 民主主義のルールが弱い

　民主主義のルールが弱い体制の下では、汚職や賄賂、水増しなどの不正も日常的なことです。場合によっては、法律でさえ建前で、グレーゾーンがあったり、裏では闇の力が複雑に絡み合っていることがあります。

逆に、法律そのものが権力側の都合に過ぎず、破る方が正当な国もあります。自由な意見の検閲や弾圧を目的とする規制はその例の一つです。このように、非民主的な国では、公的なルールは必ずしも人々のためのものではありません。そのため、外国人介護スタッフの中でも、規則を守ることや権力を信頼することに日本ほど熱心になれない人もいます。

　また、いくら厳しいルールでも、仮に守らなくても、本当に必要であればどうにかなると思っている人もいます。例えば、スピード違反くらいなら、その場で警察官のポケットにお金を入れることで見逃してもらえるという文化の場合はそうです。

● 民主主義のルールが弱い国の外国人介護スタッフへの対応

　民主主義のルールが弱い国の文化では、他人の成功について、能力よりも人脈の力や不正が背景にあると考えることがあります。したがって、役職者に対して不信感を抱くことがあります。

　このような人は、日本の社会システムを信じるようになるまでは時間がかかります。そのため、当初は日本人スタッフの理解が求められます。

　この場合も他と同じで、もともと「ルールを守らない悪い人」ではありません。日本の文化について説明をし、時間をかけて信頼関係を築いていくことが必要です。

　信頼関係には日本人スタッフが相手方の文化を深く理解することが重要です。外国人介護スタッフの母国の政治体制やルールに関する考え方を含めて調べたり本人から聞いたりして、組織的に理解を進めましょう。

外国人介護スタッフと日本人スタッフの間で「仕事の進め方」に違いがあります。

マニュアル化を嫌う、反対にどこまでも計画的にしないと気が収まらない、場当たり的（言い換えれば臨機応変）に行う…などです。これはもちろん日本人同士でも差がありますが、外国人介護スタッフではそれが顕著になりやすいのです。

これは「未来や未知に臨む態度」への文化的な違いが影響しているからです。

将来をどうとらえるかは人々の行動様式を作ります。それを悲観的にみるか、楽観的にみるかによって、状況の判断と起こす行動が異なるのです。

仕事を計画的に行うかどうかも、将来起こることに対してどういう価値観でいるのかによってその進め方が異なるのです。本節ではその未来や未知に臨む態度の文化的な違いについて解説します。

● 「不確実なこと」を「避けない」「恐れない」文化

文化によっては予期せぬ出来事（不確実なこと）を避ける傾向が高い場合があります。これを「高不確実性回避」の文化と言います。

逆に不確実なことを避けない、つまり恐れない文化を「低不確実性回避」の文化と言い、区別しています。

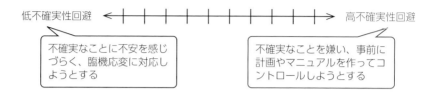

図表7-③ 不確実なことを受け入れる姿勢

低不確実性回避 ← | | | | | | | | | | | → 高不確実性回避

不確実なことに不安を感じづらく、臨機応変に対応しようとする

不確実なことを嫌い、事前に計画やマニュアルを作ってコントロールしようとする

　日本はどちらかといえば高不確実性回避の側面を多くもつ文化であるため、本節ではその特徴を把握してから、低不確実性回避の文化の外国人介護スタッフが抱えやすい課題について整理します。

1　日本の職場は不確定要素を嫌う

　日本のように、不確実性回避のレベルが高い文化は、生活や人生全般、特に仕事などの専門的な場面において、不確かな出来事を不安に思うことがあります。

　したがって、なるべくそれらを制限し、コントロールしようとしています。

　均質性や同質性、またそれによってもたらされる予測のしやすさを好みます。

　突然の予期せぬ出来事の影響については、それを和らげる制度としくみ、専門性をもつことで安定感を得ます。とにかく、未知を怖いものとしてとらえているのです。

　このような職場文化は、変化を得意とせず、秩序の維持に重きをおきます。不確定の要素を最小限に抑えるために、様々な業務マニュアルや作業の手順を作ります。

　単に人の判断力や良識を信じ、個人任せにするよりも、ルール化を徹

底します。また、手に負えないため、不確定要素の原因になりやすい違いを認めることも不得意です。

職員は、対立や議論が秩序を乱すと考えます。そして、それらを、自分の立場を脅かすリスキーなものとしてとらえ、嫌います。その反面、伝統や決まった形式へのこだわりが強く、場合によってはマンネリ化につながりやすいです。

組織の改革や新しい取り組みは、成功すると限らないうえに、その組織の一員として自分も変わることを必要とするため、前向きに受け入れることが難しいです。

● 日本は低不確実性の面もある

しかし、日本は全面的に高不確実性回避の文化かというと、そうでもありません。日々の業務の改善によって職員や組織の向上を目指して、自分磨きをする文化もあります。さらに、日本文化は、明治維新や終戦後などの大きな社会変化に成功している歴史も歩んできました。

考えてみれば、介護現場にとっては外国人介護スタッフの受け入れはまさしくこのようなきっかけになっています。

2 低不確実性回避の文化の場合

日本文化と比べると、外国人介護スタッフは低不確実性回避の文化の側面が強い可能性があります。このような文化で生まれ育った人々は、予測できないことに対してはそれほど不安を感じることはありません。

日本の介護現場に照らし合わせると、日本文化より不確実性回避が低い人は、手順やマニュアルを守らないことがあります。臨機応変さや個別性を優先する考え方があるからです。

また、状況に合わなければ、あらゆるルールからの逸脱も普通です。

立てた計画をあまり重視しないため、仕事の議論などが多くなります。つまり、「決まったやり方だから」ということだけでは納得しにくいのです。

● 低不確実性回避の文化への対応

　介護は人の生活を預かる仕事です。介護施設の社会的な立場や介護サービスに対する社会的な期待もあります。リスク管理の観点からして、ある程度は決まった形式で作業することが望ましいことは多々あります。

　低不確実性回避の文化出身の外国人介護スタッフに日本の介護の仕事のように、決まった形式で作業をしてもらうには、彼らが守りにくいルールや手順を見直すことが対策になります。

　これらのルール・手順策定は、外国人介護スタッフにも参加してもらうことが理想です。例えば、委員会を作るなどの組織的な取り組みをすれば、日本の組織とスタッフの不安も和らげることができます。

第3節 「仕事」や「介護」に対する姿勢

　本節では、職業観と公私分離の考え方…「仕事やプライベートの位置づけをどう考えているか」に焦点を当てます。

　例えば、仕事に対する価値…稼ぐための手段か、やりがいかなどが異なるとお互い気を遣います。文化の違いによってこれがどう変わってくるのかを把握しておくことで、外国人介護スタッフとのよい関係が築けるでしょう。

1 　仕事の姿勢についての多様性

● 仕事＝人生そのものという価値観

　私たちは、初めての人に自己紹介をするときに、何を伝えるでしょうか。

　筆者は、必ず自分の職業を伝えるようにしています。同じようにしている読者も多いかもしれません。

　このような職業観をもたない人もいますが、日本の場合、定職に就いている人の自分像の中に、仕事が占める割合が大きいのです。このような文化的な特徴を「自己定義的な職業観」と言います。

● 仕事＝生活を賄うためのものという価値観

　国によって正規の専門職として雇われていても、仕事が人生の一部にしか過ぎない人もいます。このような文化では、仕事は生活費を稼ぐ手段として考えます。これを「機能的な職業観」と言います。

　要するに「生きるために働くか、あるいは働くために生きるか」の差です。

図表 7-④ 　それぞれの職業観

自己定義的な職業観	仕事に専念すること自体に価値がある。仕事は自分の大事な一部。日々の生活や人生を通して達成感や満足感を得る手段の一つ
機能的な職業観	仕事は生活に必要な収入を得る手段、必ずしも達成感につながらない。仕事は人生において限定的な役割しか果たさず、得た収入は生活をもっと楽に、もっと楽しくするために使う

図表 7-⑤ 　仕事に対する姿勢

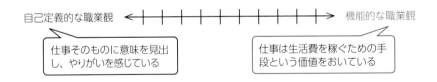

自己定義的な職業観 ←――――――――――→ 機能的な職業観

仕事そのものに意味を見出し、やりがいを感じている

仕事は生活費を稼ぐための手段という価値をおいている

この文化の違いは、介護現場において優先順位や意欲の差という形で現れやすいです。日本文化は世界的にみても仕事を自分磨きとしてとらえる人が多いです。

　機能的な職業観の人は、これほど熱心な「仕事オタク」にはなかなかなれず、強いこだわりをもって没頭できません。

● ワークライフバランスにおける問題

　生活や家族のために働く人には、生活の時間や家族との時間を削るまで仕事を求めることは無理があります。未払い残業は論外ですが、報酬があっても定時を越えて働くことに拒絶感がある人がいます。シフトや出勤日程を決める上では融通が利きにくいかもしれません。

　日本でも最近、度を超えた長時間労働や賃金未払いなどを問題視する傾向がありますが、それでもまだ、「ある程度は我慢すべき」という文化的な雰囲気があります。これは機能的な職業観をもつ文化の人には「法を逸脱した状態」ととらえられ、到底受け入れられません。

●「介護」という概念がない場合も

　体制の違い、とりわけ日本のような介護保険や福祉制度がないため、介護が仕事として成り立っていない国も少なくありません。

　この場合、介護は家事手伝いの延長線上の位置づけになっていることが多いです。

　介護が賃金労働としてとらえられる日本の現代文化を感覚として身につけるまでは、現場で働き始めてからも時間がかかる人もいます。この点は、安易に考えず、気をつけましょう。

　例えば、介護保険とそれにおける介護報酬の制度、また介護保険制度が導入された「介護の社会化」という歴史的・社会的な背景にもときには説明の中で触れるとよいです。

2 「公私」の考え方

仕事という「公」の場に、どれだけ「私」つまりプライベートをもち込んでよいかという感覚も、文化によって異なります。

● 公私分離が強い（公私混同が許されない）文化

「公私分離」が強い文化では、家族の行事などのプライベートのスケジューリングを仕事の日程に合わせることが求められます。

日々の仕事と私生活をはっきり分けることに努める特徴があるのです。

● 公私分離が弱い（公私混同が許される）文化

公私混合が許される文化は、私生活と専門的な生活を完璧に分けることが難しいと考えています。これらはむしろ重なり合うというとらえ方をします。

つまり、私生活を維持するために、それを仕事にもち込む場合もあれば、仕事が私生活に影響する場合もあります。

● 日本の場合

日本は両方の特徴をもち合わせており、職場によっても違いがみられます。例えば、仕事中の私語は避けられがちですが、冠婚葬祭を職場に正式に報告し、場合によっては上司や同僚に出席してもらう文化があります。

また、歓迎会と送別会のみでなく、花見会、納涼会、忘年会、新年会などの季節に応じた飲み会や食事会を職場で開き、仕事以外の時間も職員同士でともにする職場もよくあります。

しかし、プライベートな問題を職場で相談する、あるいは家族などの私的な用事のために仕事を休むことはあまり見られません。

● 公私分離が強い文化への対応

公私分離の文化が日本よりも強い外国人介護スタッフにとっては、一線を越えたコミュニケーションや付き合いはかなりショックを与えます。

あらゆる夜の集まりを時間の無駄として考える傾向にあり、かなり負担に思っています。そのため、気軽に参加しないことが選べる誘い方が重要です。

| 図表7-⑥ | よい誘い方の例 |

①目的を先に言ってあげる
（×）〜さん●月●日予定空いていますか？
（○）●月●日に職場で××の食事会があるんだけど、〜さん予定どうかな？

②キャリアに響かないことを伝えてあげる
（×）今度〜があるけど、施設長も来ることだし、〜〜さんも来るよね？
（○）今度〜があるけど、プライベートな食事会だから、もし予定が空いていれば来ませんか？

● 公私分離が弱い文化への対応

公私混合が日本よりも許される文化の外国人介護スタッフは、日本人スタッフが重く感じる私的な問題まで相談を求めることがあります。これは、日本に家族や人的なネットワークが少ない立場として仕方がないこともあるため、相談を拒否するのではなく、ある程度まで対応したいところです。

対応は、特定のスタッフ任せにするよりも、職場内で相談の体制を整備して、個人に負担が偏らないようにすることが適切です。

● あえて「日本人と同じ」にしないことがよい効果を生む場合も

重要な仕事で日本人スタッフなら休むことを遠慮するような場面でも、休ませてほしいと言う外国人介護スタッフがいます。これは重要な宗教行事等であることもあるため、休みをとる時期については、文化、

立場の違いを慎重に検討し、場合によっては特別扱いすることも検討しましょう。

　これは、かえってよい効果を及ぼすことがあります。お盆や年末年始など、日本人職員が長期休みをとりたい時期に長期休暇が不要である他文化の人がいると、シフトの調整がしやすくなることがあるからです。

　多様性を大切にしようとすると、ときに難しい問題に直面することがありますが、一方で柔軟に対応できる場面が増え、思わぬ助けになることもあるのです。

第4節 「仕事で何が一番大切か」

　最後に、仕事をする中で何を大切にしているかという価値観に関する文化の違いについて考えましょう。

1 日本の職場の傾向

● 仕事よりもチーム

　前節のように、仕事を真面目に考える日本文化ですが、実情は仕事そのものよりも職場や組織に対する思いが強い傾向にあります。

　日本は、専門的なキャリアよりも、日々の労働環境と仕事仲間（チーム）を大事にする文化の一つです。

　例えば、転職が比較的に少ない背景にもこのような価値観があるでしょう。日本のように「労働環境重視」の文化では、給料や職位アップよりも、安定した職業と頼れる職場に価値を見出す傾向にあります。例えば、転職のみでなく、昇進や役職の任命などもあまり好まれず、負担

に感じる人がいます。

　また、その中でも特に職場の人間関係が重要で、突出した成果を出すよりも、調和を乱さないことが求められることも多いです。

　このような「調和重視」の文化は「どのような成果を出すか」よりも「どのように成果を出すか」に焦点を当て、いくら成果を出すためであっても、よい人間関係を犠牲にすることは認められない傾向にあります。

● 専門的なスキルよりも協調性が重視される

　評価でも、単に専門的な経験、能力や技術だけではなく、周囲との協調性とそのための対人スキルが重点的に考慮されています。

　このような職場の文化は「高い専門性をもって、よい成果を出せばよい」という文化に慣れている人には理解しづらいでしょう。逆に、日本人スタッフは、「よい成果を出せばよい」という価値観をもつ外国人介護スタッフに対してよい印象をもちにくいのです。

2　「空気が読めない」のではない

● 空気が読めないのではなく「読まない」だけ

　日本では、協調性が十分でない人を「空気が読めない」と言います。一般にネガティブな意味です。

　外国人介護スタッフの中には「空気が読めない」人がいますが、それは本当にそうなのでしょうか。そもそも読もうとしない（読む必要がないと思っている）、あるいは読めても無視をしているだけかもしれません。

● 「対人間関係」より「専門性」を重視する

　では、空気を気にしなくてもよい心理の背景にどのような文化がある

のでしょうか。

　まず、個人の専門性の成長を重視する文化では、キャリアのために気持ちのよい職場を捨てることは当たり前にあることです。

　そのため、転職も頻繁にあります。また、人間関係がほとんどなくても、仕事は十分できると考えています。

　しかも、成果を重視する文化は、気持ちよく一緒に働くよりも、場合によってはぶつかり合い、歯を食い縛りながらも、専門的な目標に向けて効率よく、最小の資源（時間など）で最大の効果を出すことが何よりも優先されます。したがって、職員も対人的な側面ではなく、専門的な力の方が評価されます。

　このような背景から、一見「空気が読めない」と言われる外国人介護スタッフも、それは「人として協調性に欠ける」わけではなく、「業務に直接関係しない協調性という観点に必要性を感じていない」だけである可能性が高いのです。

● 協調性を重んじない文化への対応

　とはいえ、協調性を重んじる日本の職場でそのようなスタッフに対して無策で挑めば、思わぬトラブルの原因にもなります。

　そこで、対応方法を考えてみましょう。

　第一に、外国人介護スタッフが協調性に欠けるように見えるのは、本人に悪気があるわけではないことを理解しましょう。

　これには、本人が職場に友達作りを求めていないことも認識する必要があります。仕事に支障がなければ、日本人スタッフの中でもこの理解を深め「自分が嫌われている」などのように真に受けないように促すことが必要です。

　第二に、外国人介護スタッフに対し同僚との付き合い方を「仕事の一部」として位置づける意識をもってもらう働きかけをすることです。

　チームケアとして、周囲と仲良くすることは援助の成果やより高い専

門性につながることを納得してもらえれば、関係維持などに取り組みやすくなります。

第5節 【事例】 仕事への考え方でぶつかり合ってしまう

　ある介護施設で働いている外国人介護スタッフのＩさんは、勉強熱心で、働き始めてからすぐに介護技術や日本語能力が上達しました。

　早くも戦力として期待され、シフトに入るようになる中で、任された仕事はほぼ完ぺきにこなしていますが、職場の懇親会には出たことがなく、よそよそしい感じもするためか、一緒に働く日本人スタッフからは、「最低限主義」や「気が利かない」、「冷たい」、「付き合いが悪い」、「鼻が高い」などというネガティブな印象をもたれてしまっているようです。

　自分の業務以外の部分に積極的に手を出そうとしないため、日本人スタッフからはＩさんと同じシフトを組まないでほしいなど、受け入れ責任者への相談が何件か入っています。

● 何が悪かったのだろう？

　これは、仕事に対する価値観の違いによって起こる問題を描いている典型的な事例です。

Ｉさんは「仕事の成果」と「プロとしての専門的な成長」を重視しているのに、周りの日本人スタッフは「周囲との調和」や「心地のよい労働環境」を期待しています。この違いで摩擦が起きているのです。

　Ｉさんは研修からずっと自分の専門的な力を上げるために努力してきました。そして、一人前の職員として働けるほど力を身につけてからは、自分に与えられた仕事を効率よくこなし、成果を出すことに精一杯になっています。

● 専門性の重視が仇に

　自らの専門性を高めようとするために、休憩やシフト前後の勤務時間外のおしゃべりに参加しないことが「よそよそしい感じ」につながっています。懇親会などの誘いも断るため、挽回する機会もありません。

　また、自分の業務以外の部分に積極的に手を出そうとしないのは、同僚と仲良くなりたいという気持ちがなく、自分の役割がはっきり決まっていない仕事に手をつけようという思いも薄いためです。

　このような仕事への考え方は、調和や労働環境を重視する日本の文化に反するため「協調性のない人」という悪い印象を与えてしまっています。

● 両者にお互いの立場の理解を促そう

　このケースで考えられる対応は、どちらか一方ではなく、Ｉさんと日本人スタッフの両方にアプローチすることです。

　具体的にはお互いの立場に対する理解を深めます。

● Ｉさんへの対応

　Ｉさんには、「日本の組織では、自分に与えられた仕事を一人で頑張ることだけが重要ではないと考える」と説明する必要があります。

　さらに、日本人スタッフがＩさんにより親密な関係を求めていること

も理解する必要があります。その手段として、日々のインフォーマルな
コミュニケーションをIさんに求めているという気づきを促します。

● 日本人スタッフへの対応

　日本人スタッフへは、Iさんが職場は「仕事をする場」と明確に分
け、友達のような関係作りに重きをおいていないこと、そしてそれは、
文化的な違いから起こるものであることを理解してもらいます。

　ポイントは悪意があるわけでも、協調する能力がないわけでもないこ
とを理解してもらうことです。

　このように、表の行動の背景にあるお互いの価値観や求めていること
さえ理解すれば、ネガティブな印象は軽減されるでしょう。

　また、お互いに、そのような相手の期待に応えようとする気持ちも湧
いてきます。そして、その気持ちを実行に移すことで、少しずつ近寄る
ことができ、譲り合いながら、文化的なバランスのとれた職場を一緒に
作ることができます。

　一方的に片方のスタイルを強要したり、それに合わせたりするより、
相互の理解を促すことで、お互いが変わり、新しい組織文化が生まれる
のです。

3rd Step
介護現場での
トラブルを避ける

外国人介護スタッフは業務をこなすだけでなく、日本に住み、長く暮らします。

そこでは、プライベートな付き合いもありますし、中には利用者や地域の人から差別的な言動を投げかけられる場合もあります。

他に頼る術がないことがほとんどの外国人介護スタッフにとっては、プライベート上の問題や差別などに対する職場や同僚からの支援はとても重要になってきます。

3rd Stepでは、外国人介護スタッフが直面しがちなトラブルへの対処法を取り上げます。プライベートにおける付き合い方や差別に対して、職場や支援する先輩としてどう対処すればよいのかヒントを得ます。

第 8 章

仕事の壁を越えた付き合い方

職場内の人間関係は同じ文化の人の間でも、しばしば悩みの種になるうえに、影響は職場外に及ぶこともあります。

　付き合い方の文化が異なる外国人介護スタッフなら、職場内外とも人間関係における摩擦はなおさら多くなるでしょう。したがって、事前に文化の違いや対応方法を理解しておくことが望ましいのです。

　本章では、外国人介護スタッフとの付き合い方について勤務時間の内外を問わず取り扱います。外国人介護スタッフ同士と日本人スタッフとの間で生まれるプライベートな関係と、それに影響を及ぼす様々な「関係観」、また関連する文化的な感覚が違う場合のずれがテーマです。

　具体的には、友人関係、家族関係、男女関係を取り上げ、これらをめぐる文化について整理し、その違いが引き起こすトラブルについて触れます。

第1節　人間関係に関する文化

1　個人主義と集団主義

　人間関係に関する文化については、大きく二つの考え方に分けることができます。

　個人としての「私」を基本とした「個人主義」の文化と、集団としての「我々」に重点をおく「集団主義」の文化です。

● 「個人・集団主義」はどちらに偏るのではない

　各国の文化は「個人」「集団」のどちらか一方に偏るのではなく、いろいろなバランスを組み合わせています。

例えば、アメリカは個人主義が強い文化の一つですが、集団主義の側面も持ち合わせています。また、日本文化を含むアジア諸国の文化は、集団主義が主流でありながらも、個人主義の側面が全くないわけではありません。

　この組み合わせの度合いによって、人々とかかわる際に「していいこと」と「してはいけない」ことが決まります。
　ここでは、それぞれの特徴を把握してから、日本文化における個人主義と集団主義のバランスと、その感覚が異なる外国人介護スタッフが抱えやすい課題と対処法について述べます。

2　個人主義の特徴

● 個人主義は「自分勝手な文化」ではない

　個人主義の文化では、属する集団よりも個人としての「私」に重きをおいて自分をとらえます。このような「私」のとらえ方を自己アイデンティティと呼びます。

個人主義の人の自己紹介の例

マイクです

趣味はギター

休日は家族とBBQをしてるよ

　そのなかで、集団のニーズではなく、個人のニーズが優先されます。これは、自分勝手で自己中心的であるわけではありません。むしろ、メンバーが集団のために我慢するよりも、メンバー一人ひとりが満足する

ことが集団のよいあり方につながると考えているのです。

● 個々のメンバーの「自立」が必要

個人主義の考えでは、よい組織をつくるためには、個々の利益の追求やそれぞれのメンバーの自立が必要です。また、メンバーの独立や自由が求められ、それが高く評価されます。これは、いわゆる自立主義という組織のあり方です。

● 距離の近い関係は限られる

個々が自立を求められるため、人々は気持ちの上で少し距離をおくことが一般的で、近い関係を築く相手は限られています。プライバシーが重視され、一線を越えた付き合い方をあまりしません。

人々は、属する集団を自由に選ぶことができますが、自分像や自分の存在意義を認めてもらえる上では、あまり大きな役割を果たしません。

3 集団主義の特徴

集団主義が強い文化では、自分自身がどうである、というよりは家族や職場などの自分がいる集団や集団内での自分の役割が大きく影響します。これを集団アイデンティティと呼びます。

集団主義の人の自己紹介の例

山田です

「○○会社」に勤めています

○○県に住んでいます

● 個人が集団に配慮することが利益をもたらす

集団や組織の利益はそのメンバーの利益をもたらすと考えられます。個人が他のメンバーのニーズや気持ちに思いやることが、自分を守る（利益をもたらす）ことにつながるという考え方です。

メンバー間の調和や相互の依存的な関係が重視され、高い価値のあるものとして位置づけられています。したがって、自由に任されることを負担に感じる人が多いです。これを共同主義の組織と呼びます。

なお、感情面の人々の距離は、同じ集団のメンバーに対しては近いですが、集団の外にいる人に対しては遠いことが多いです。

4 日本文化の組み合わせ

「日本文化は個人主義、集団主義、どちらか？」と聞かれると、集団主義の文化だと思う人が少なくないかもしれません。しかし、実は個人主義の側面ももち合わせています。

● プライベートでは個人主義的な側面が強い

例えば、職場などの公的な場と違って、プライベートについては、一線を越えないことが現代の日本文化の常識です。

これは、プライバシーを守ることが重視さていれることを意味します。親しい人でない限り、私生活についてはなるべく質問しない・話題にしないというのが現代の日本文化の「常識」です。

頼れる相手が限られることも個人主義の側面の例として挙げられます。例えば、経済的に困ったときに、お金を借りられる人の範囲はどこまでかと考えると、日本はかなり狭い方です。

このように、「周りに迷惑をかけてはいけない」という考え方の下、いわゆる「自己責任」という考え方があります。また、組織のためならルールが曖昧になることが多いですが、インターネット空間での炎上の

ように、個人がルールを破ることに対しては社会の目は厳しいです。い
ざとなったときには集団の連帯感によって救われないこともあります。

　特に、教育や学校現場では受験などでの競争や自助努力が求められま
す。例えば、個人の成績にかかわる助け合いは許されません。テストや
レポートなどの写し合いは、重大な「不正行為」として扱われます。

● それでも集団主義的な側面は強い

　日本は個人主義的な側面もありますが、集団主義的側面の方が強い文
化です。特に、職場では、多くの集団主義の文化的な特徴を見出すこと
ができます。

　その典型は、肩書きを重んじる自己紹介です。個人名は組織名や役職
名の後に名乗ることがほとんどです。これは、日本語の文法やマナーの
ような社会のルールが関係しています。心の中でも、職場などの属する
集団をもって、自分について考える傾向が強いです。

5　個人主義が強い外国人介護スタッフ

● 強い競争心

　個人主義の文化では、個人の卓越した力が報われます。したがって、
よい評価を得るために、努力によって周りと差をつけたがります。

　これは、能力だけでなく、協調性に高い価値をおく日本の組織では逆
効果です。また、仲間への気遣いを優先する日本人の同僚からも嫌われ
やすく、評価が下がってしまいます。

● 「正しいこと」へのこだわり

　「正しいこと」へのこだわりとは、相手への配慮なく正論を突き通そ
うとする場合があることです。

　例えば、効率化や改善を目指して、組織の曖昧な理不尽さやマンネリ

化、無意味に感じるしきたりや伝統などについて、組織の背景や担当者の思いなどを考慮せず指摘してしまうことなどです。

　「時間の効率的な使い方」や「合理性」の観点から、開催者や組織の伝統に配慮なく懇親会等を断る理由にもなります。

　このような人が日本の組織にいれば、会議でも空気を悪くする人として見られ、自己中心的や自分勝手な人と評価されてしまう恐れがあります。また、同僚との関係作りもスムーズにいきません。

● 郷に入っても郷に従わせない

　このようなケースで気をつけたいのは、「郷に入っては郷に従え」と言って、無理やり従わせる対応をとらないことです。

　なぜなら、理不尽に思ったことを指摘した人が、それを指摘してはいけないと言われたら、なおさら理不尽に感じ、事態は改善しないからです。

　改善には、表向きのルールではなく、その背景にある気持ちと文化まで共有することが重要です。

　日本人スタッフは、（彼らの基準で）外国人介護スタッフが何を「自己中心的に」させているかを理解しましょう。その一方で、外国人介護スタッフは自分の言動は日本人スタッフにどのように写り、彼らをどのような気持ちにさせているかを理解する必要があります。

● 性格ではなく価値観の問題

　例えば、日本人スタッフが残業を頑張る中、定時で帰る外国人介護スタッフは、あまりよくは見られないでしょう。でも、この外国人介護スタッフは任された仕事を効率よく忠実に頑張っただけです。それが定時で終わったのなら、切り上げるのが当たり前と考えるでしょう。

　一方、日本人スタッフは他の人の仕事が残っているのなら、知らない顔をせず手伝ってほしいと（それが普通だと）思うかもしれません。

　このようなトラブルの原因は、各々の性格の問題ではなく、お互いの

価値観が根本にあります。したがって、一番の解決策は、その価値観の違いについてお互いに言葉で伝え、理解し合うことです。

● 価値観がぶつかった場合の解決策の例

例えばですが、以下の三点が考えられます。

①同じ時間で終わるために作業の分担を再調整する

②日本人スタッフが作業スピードをより効率的に上げる

③外国人介護スタッフが帰る前に「手伝うことがないか」という声かけを習慣づける

これらの選択肢の中から、どの対応をとるか、あるいはその組み合わせのバランスについては、よく話し合って決めるべきです。

ポイントは、個人主義の価値観をもつ外国人にとって「無駄な形」に見えてしまう日本の組織文化のあり方について、その合理性を論理的に説明することです。このように、強制することを避けながら個人主義の人に納得してもらう鍵は「なぜ」を説明することです。

そして、この「なぜ必要か」という論理的な説明ができない場合、それは本当は無駄かもしれません。これを柔軟に受け入れれば、組織や業務の改善につながります。

例えば、本当は不必要な会議などでも、集団主義の組織文化では疑問をもたず、もしくは疑っても言えずにいる人が多いかもしれません。しかし、個人主義の外国人介護スタッフなら、遠慮なく「頻度を減らそう」とか「他の会議と統合しよう」などの提案をするでしょう。

これによって無駄が減り、作業が効率化されれば、長い目で見ると異なる価値観の人を受け入れ、自分たちの行いを改めることで、これまでの悪い点、非効率だった点が改善される可能性があるのです。

これは「郷に入っては郷に従え」としているだけでは起きない変化で、多様な文化を受け入れるメリットでもあります。

6 集団主義が強い外国人介護スタッフの特徴と課題

逆に、日本よりも集団主義の文化が強い外国人介護スタッフの行動も
また、日本文化からして受け入れがたいことがあります。

● 一線を越えた付き合いを求める

例えば、日本人なら話さない自身のプライベートな話を職場でする、
あるいは同僚に日本の感覚的にはあまりにもプライベートな質問をする
などの一線を越えたかかわり方です。

● 仲間を守るための「不誠実」な行動

仲間（例えば同国人スタッフ）を守るため、日本文化からみたら不誠
実に思える行動が挙げられます。提出物の丸写しや人のためにつくウソ
などです。これは、日本にある「自己責任」の考え方から外れていま
す。

これらの背景にあるのは、個人が自分で頑張らなければならない価値
観よりも、仲間を助けなければならない、シェアしなければならないと
いう価値観の方が強いことです。つまり、「平等」や「公平」、大きく言
えば「善」と「悪」の考え方が日本文化と異なるのです。

このような問題への対応は、それが起きているしくみの分析は忘れな
いように行いましょう。「個人の性格の問題」ではなく「文化の特徴で
ある」ことを自覚してもらいたいからです。その上で、受け入れ側の日
本人スタッフがどこまで譲れるかを考え、譲れない境界線を明らかに伝
えるべきです。

● 「一線を越える付き合い」への対応

一線を越える付き合いについては、日本人スタッフから「踏み込んだ

質問は答えに困る」と遠慮なく気持ちを伝えることが最も効果があるでしょう。

　常識や一般論としてだけ日本の考え方について伝えようとすると、その「常識」こそが異なるため、説得力が低くなります。また、「こうすべき」という「べき論」として伝えた場合、外国人介護スタッフ自身に対する批判としてとらえられてしまいます。「こうすべきだから止めてほしい」のではなく、「私が嫌だからやめてほしい」と、自分を主語として不快な気持ちを伝えることがベストです。

● 「不誠実な行為」への対応

　「不誠実な行為」の問題は、組織レベルの調整で対応ができます。例えば、集団主義の外国人介護スタッフについては、個人ワークよりも、グループで協働して取り組める課題や評価をするとよいです。

　「私一人」ではなく、「みんなで考えよう」ということです。

第2節 「友人」と「友情」の違い

外国人介護スタッフから保証人やお金の貸し借りを求められたことはありませんか？

外国人が同僚であると、たまにこのような重く感じるお願いを受けることがあるかもしれません。これは、文化によって「友人」のとらえ方が異なっていることから起こります。

本節では、友人関係の見方や、モチベーションと主体性の源である世界観をキーワードに文化の違いについて考えます。

1 友人とは何か？

外国人介護スタッフは、日本人同士の職場関係では考えにくい保証人やお金に関するお願いをすることがあります。理由の一つにはまだ日本に十分な人間関係のネットワークがないことにあります。

しかし、文化的な要因、つまり価値観の違いもその理由の一つです。

お金に関するお願いは、個人主義よりも集団主義の文化によく見られます。

● 「友人」が果たすべき役割が強い

例えば、日本の文化では、「みんな平等」という考え方（平等志向）が強く、誰でも同じように扱われます。

しかし、友人にお金に関するお願いをすることが普通の文化では違います。自分の集団内の人は特別扱いをする文化なのです。

「日本でも家族や部活動の仲間など、同じ集団内の人は特別扱いをす

るじゃないか」と思われるかもしれませんが、その程度が違うのです。集団内の仲間に対しては頼れる期待も高ければ、果たさなければならない責任や義務も多いのです。

また、日本では、同じ集団内であっても社会の様々なルールが集団の内外を問わず、客観的に同じように適用されます。例えば、学生時代、友達が定期テストでカンニングしたことが発覚したとして、友達だからといってかばう人は少ないでしょう。

しかし、そうでない文化では、同じ集団内の仲間は「特別扱い」する間柄であり、ときにはルールを見逃す、あるいはルールを曲げることが期待される関係です。同じ集団メンバー同士は、お互いに対してここまで責任や義務を負います。

日本は、個人の責任や義務がはっきりしており、職場内の関係や知人・友人というつながりをもって、相手に対してプライベートまで及ぶ責任や義務が生じることはあまりありません。

● 「重い」相談をしてくる外国人介護スタッフへの対応

外国人介護スタッフの中には、私生活の世話まで職場の同僚や上司に求める人もいます。このような場合、職場内の人間関係の限界についてお互いの文化的な立場を確かめ合えば、トラブルを避けることができます。

早い段階で、図表8-①のような点について、「職場の同僚（部下）や友だち」を相手として想定して、日本人スタッフと外国人介護スタッフの立場を確かめて、シェアしてみましょう。

このチェック表では、日本人スタッフのほとんどは、ほぼ全ての項目を「Ｎｏ」にするのではないでしょうか。しかし、「重い」相談をしてくる外国人介護スタッフは「YES」が多いはずです。

Q	もし、職場の同僚（部下）や友だちを助けるため…	Yes	No
1	頼まれたら多額のお金を貸してもよいと思うか		
2	自分がウソをついくもよいと思うか		
3	その人が有利になるために、自分の役職や権限を使って特別扱いをしてもよいと思うか		
4	代弁者として自分がその困りごとに介入してもよいと思うか		
5	頼まれたら自分のテストや提出物などを見せてもよいと思うか		
6	その家族・親族内や夫婦間の喧嘩などに自分が立ち合ってもよいと思うか		
7	その人が留守の間に、その家やペット、子どもなどの世話を自分がしてもよいと思うか		
8	その人が優秀でない場合でも、褒め立てる推薦書などを自分が書いてもよいと思うか		
9	法律や規則に触れる件で自分が手伝いをしてもよいと思うか		

　このように「どこまで助けることが文化的に許容されるのか」が視覚的に明確になっていれば、お互いの気持ちを理解し、歩み寄る努力をすることができます。

　これにより日本人スタッフは、行き過ぎた頼みごとをされても、「ここまでなら手を差し伸べよう」と幅を広げることができるし、また外国人介護スタッフも「ここのお願いはわざわざ日本人の同僚にしなくてもよい」と考えられるようになります。

2 「運命」を信じる度合い

　日本人スタッフから見ると、外国人介護スタッフの中には仕事中、向上心ややる気が足りないと感じる人がいます。その背景には世界観とそれによる動機づけの違い＝「運命」を信じる度合いがあります。

　出世や成功は自分の力でどのくらい叶えられるのか、世界に自分がどういう影響を及ぼせられるのか、自分は世界の中でどのような役割なのか、という世界観の感じ方です。

　そして、自分が周りの世界に及ぼせる力の程度の違いによって、積極性や主体性、自助努力や自己研鑽の姿勢に差が表れます。

　例えば、「人々が努力することで自分の人生を作っている」と考えることが内的要因志向と言います。日本はどちらかというと、こう考える傾向があります。「運命」を信じる度合いが低いのです。

　逆に、宗教観が強い国々では「外的要因志向」といって、「運命」や「神の意志」という決まりきった世界の流れの中に自分がいて、自分の力では大して世界を変えることはできないと考えています。

　後者では、人間の力で物事、あるいは自分を変えられる、そのために頑張るという考え方が弱くなります。そのため、内的要因志向の人からは「モチベーションが低い」というふうに見えてしまいます。本当は、やる気がないのではなく「私一人の力では及ばない」と考えているだけです。

第3節　家族形態と男女関係の違い

　最後に、家族関係のあり方と、それが職場に及ぼす影響についてとり

177

上げます。また、誤解を避けるために、男女間の付き合い方も念頭に、想定される日本文化との違いについて触れます。

1 「家族」の範囲

● 外国人でも「家族」の行事はある

　冠婚葬祭で休むことや、育児休暇・介護休暇をとることは誰でもあります。

　このような家族に関する出来事は日本に一人でいる外国人介護スタッフの場合は当てはまらないと考えられがちです。しかし、既に日本に親族がいる、来日する家族に付き添う、来日のついでに家族や親族が職場を見学したい、あるいは上司への表敬訪問をしたいなどのケースが考えられ、外国人であっても家族関連の行事は発生します。同じ国に住んでいなくても、インターネットを使って家族の行事への参加を求められることもよくあります。

● 「家族」の行事が多い文化がある

　ここまでなら、対応方法は日本人スタッフと同じように考えてもよいです。しかし、負担に感じやすいのは、このような家族や親族の行事が起きる頻度です。二～三週間に一回ぐらいは家族関連のイベント等で休みを申し出るケースも考えられます。

● 家族の範囲は文化によって違う

　要因は、日本と比べて、家族や親族との付き合いの幅が広い文化をもつ人が多いからです。これはきょうだいの数が多い以外に、「どこまで家族とするのか」という、家族の範囲が文化によって違うことがポイントです。彼らの出身国の多くは、日本人よりも多世代家族や拡大家族が多いのです。

ワークショップ3　家族の距離感

　家族の距離感を確かめ合うためのワークです。研修の機会に時間を設けて実施してみましょう。

　記入する内容は、下の表に載せた人たちとの関係について、心理的な距離感や付き合う密度に応じて、「私」を中心とした図の中に日本人にも外国人介護スタッフにも記入してもらいます。そのうえで、日本人と外国人でどのくらい違うのかを比べてみます。

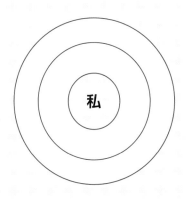

①父母	②きょうだい
③おじいさん、おばあさん	④ひいおじいさん、ひいおばあさん
⑤おじさん、おばさん	⑥大おじさん、大おばさん
⑦いとこ	⑧はとこ
⑨おい、めい	⑩その他（適宜）

　近い人が多ければ多いほど、付き合いの頻度と深さ、また責任と期待が増し、出席しなければならない行事や助け合いなどをよく求められることになります。一方でそれは逆に、頼れること、お世話になれることなど、自分から求めることができることも含まれます。

前頁のワークをしてみていかがでしたか？

日本の文化では、「私」に近い人は少ない傾向ですが、大家族主義の文化では、遠い親戚とも近い距離感で「濃い」付き合いをしなければならないため、「私」に近い人も多いです。そのため、職場への影響も出やすくなります。また、図は付き合いだけでなく、プライベートなことや内面についてシェアできる感情面の距離も示しています。

何かしらの摩擦が起きた後の対応になると、お互いに違和感が残ります。それを防ぐために、このように簡単なマッピングによるアセスメントを行うことがよい職場関係を作り、保っていく上で役立ちます。

2　職場恋愛に踏み出す前に

職場で日本人スタッフと外国人介護スタッフの関係が恋愛関係に発展することはあり得ることです。しかし、文化が異なれば、家族観と同じように、男女関係のとらえ方や付き合いに関する社会のルールも異なります。

したがって、日本人スタッフは自分自身と外国人介護スタッフ両方を守るために、事前に注意を払わなければなりません。多文化間の恋愛に踏み出す前に、確認しなければならないことがあります。恋愛関係は、同じ文化の出身者の間でもかなり難しいことを忘れないようにしましょう。

● それぞれの文化における恋愛感覚

恋愛感覚は、はっきりと言葉に出してお互いに確かめ合うことは十分にできません。だからこそ、ストーカー被害が多くなっています。立場が弱くなりやすく、恋愛感覚も違う外国人介護スタッフに対してはなおさらです。

言葉にはしづらいですが、少なくとも次の点ぐらいは確認しましょ

う。それぞれの文化におけるコミュニケーションなどに関するルールで
す。

【恋愛の前に確認しておく点】
・相手への性的な関心をどうすれば適切に示せるか
・相手からの性的な関心をどうすれば適切に断れるか
・今の関係が、デート、体の関係、プロポーズ、結婚など、各段階に
　発展するペースを落としたいと思ったとき、その気持ちをどうすれ
　ば適切に示せるか
・友人関係が恋愛関係に発展しようとしていると読みとれるサインは
　何か
・相手は関係を友情以上のものとしてより真剣にとらえていると読み
　とれるサインは何か
・公の場でカップル同士が手をつなぐ、ハグする、キスするなどの身
　体の接触はどこまで適切とされているか

　これらの点について、勝手に自分の文化の考え方で判断をしてしまう
と、相手を痛い目に合わせてしまったり、自分が痛い目に合ったりする
ことがあります。前もってこのような文化的な情報を集めて、慎重に見
極めましょう。

● どこまですると「結婚」を意識させるか
　文化の違いによってあり得る男女付き合いのトラブルは次のようなこ
とがあります。
　例えば、「結婚」を意識するのはどのラインなのか、ということです。
　代表的なのは二つ。まず、相手を実家へ招くことです。日本も相手の
実家に行くことは、特別な意味をもつ文化の一つですが、必ずしも結婚
に行きつくわけではありません。文化によっては、家族への紹介は即、

結婚に結びつくと相手がとらえている可能性があります。

　もう一つは体の関係です。日本では性行為があったからと言って必ず結婚しなければならないという観念をもっている人は少ないですが、体の関係をもつ時点で結婚するしかないと考えている文化もあるため、付き合う前に知っておきたいことです。

　ちなみに、これらは、同じ日本人の中でも異なる価値観をもっているため、相手が何人、何文化であっても気を付けなければいけません。

● 「不倫」に関する価値観

　他に、日本ではいわゆる「不倫」として位置づけられている行為が許される文化もあります。

　これには、形式的な見合い婚が背景にあります。他の人との恋愛や体の関係は、結婚とは別の「遊び」として考えられているからです。

　このような第三者の異性との性的な関係は、特に長期の単身赴任のような状況において許されやすいです。

　もし、日本人スタッフが外国人介護スタッフと真面目な付き合いを決心しようとしているときには注意が必要です。相手が母国で結婚しているのかどうかは先に確認しましょう。

● 「紹介したい人がいる」の意味

　お見合い文化が強いところ出身の外国人介護スタッフから、「紹介したい人がいる」と言われた場合、要注意です。なぜなら、来日中の親戚などを結婚相手としてすすめられることもあり得るからです。

【事例】
日本人でなければ、
漢字を覚えるのは不可能か？

　ある介護施設で働く外国人介護スタッフのＪさんは、今度、介護福
祉士の国家試験も受ける予定になりました。そのためには、漢字を含
めた日本語の読み書きの力を今よりも高めていかなければなりません。

　しかし、試験対策の担当者は、数か月ほど経っても、Ｊさんの読み
書きスキルについてあまり上達がみられないことを心配していました。
試験問題を、読んで理解する力が足りず、模擬試験の成績が伸び悩ん
でいるようです。

　Ｊさんはそれ以外の知識も能力もあるため、大変もったいない状況
です。試験日も近づいているため、Ｊさんと率直に話し合うことにな
りました。そこで、Ｊさんは「だって、日本人ではないから、難しい
漢字の多い日本語を読むのは不可能でしょう」という悩みを言ってき
ました。

● 「世界観」の文化的な違いから起こる

　Ｊさんがなかなか日本語の読み書きができないのは、彼女の最後の発
言から、「世界の流れは自分では変えられない」という外的要因志向が
伺えます。「難しい漢字が多い文章は日本人しか読めない」、そして「自

分は日本人ではないため、いくら頑張ってもだめ」という考え方です。

　頑張りが足りないのではなく、最初からあきらめていることが問題です。実際に日本語を話せても、読み書きは悲観的にみている人は多いです。

　当然ながら「国家試験のような難しい文章は日本人でなければ読めない」という自然の定めがあるわけではありません。日本人も生まれながらにして漢字を読めるわけではなく、時間をかけて覚えています。しかし、Ｊさんの世界観では生まれによって言語能力の限界が決まってしまいます。

● どうやって「世界観の限界」を越えるか？

　この場合は、国家試験の合格のために、この世界観の限界を越えて、読み書きの力を高めなければなりません。例えば、「漢字＝日本人」という思い込みから脱するために、日本人でなく漢字を覚えた見本となる人の例を紹介することが考えられます。

　身近にいる国家試験に合格した他の外国人介護スタッフや、日本語を外国語として覚えて、国家試験レベルの文章をよく読めるようになった人がいればベストです。

● 日本人も勝手に覚えたのではないと伝える

　また、「目標そのものが不可能ではない」と考え方が変われば、そこに辿り着くまでの方法のイメージをもつ必要があります。日本人も具体的にどのような学び方で覚えているか（小学生のとき、ノートに漢字を何回も書き取る練習をやらされたなど、自然とできるようになったわけではないと伝えるなど）という教え方です。

　その中で、日本人だけでなく、見本となる他の外国人がしてきた努力、とりわけその仕方とプロセスを参考にすることもできます。

　Ｊさんにも少しずつこれらの方法を試してもらうことで徐々に成果が

出ます。そして、そのような体験が、「やればできる」という証になり、動機づけとさらなる努力につながります。

第9章 「立場の違い」による差別への対応

第9章では、立場の違いによって起こる外国人介護スタッフへの「差別」のしくみの理解と、その対応方法を学びます。

　具体的には、自分の施設が差別を生むしくみになってしまわないように、外国人介護スタッフの扱い方と組織内、社会における立場、また時には受け入れ側に求められる生活の支援についてヒントを得ます。

　そして、これらに対する理解を深めるために、多くの問題の背景にある差別や排除のしくみについて考えます。

第1節 「差別」を起こさないための基本姿勢

　本節では、差別を起こさないための基本姿勢を学びます。個人でできることから、チームや事業所単位など、組織的にできることまで紹介します。

1 「日本人と同じ扱いにする」罠

　外国人介護スタッフを「日本人スタッフと全く同じように扱おう」と心がけて、差別をしないようにしている人もいるかもしれません。

　残念ながら、この考え方は問題を単純に見過ぎていて、しばしば逆効果です。なぜなら、文化や立場が違う相手に対しては、それに応じて違う扱い方が求められるからです。

● 言語力の差に対する配慮のなさ

　例えば、日本語の読み書きがまだあまりできないスタッフがいるにもかかわらず、あらゆる記録のフォーマットや職場内の書類などがすべて

日本語で統一されていることです。漢字に読みがなや母国語表記等がなければ、日本語をまだ得意としない外国人介護スタッフは不利になります。

　会議や日々の業務における口頭のコミュニケーションにおいても日本語での高度で複雑な発言に対する理解を日本人と同じスピードとレベルで求めることも同じです。

● 文化や宗教の違いに対する配慮のなさ

　宗教的な理由で被り物やアクセサリーを外せない人に対し、日本人スタッフと同じ格好を求めることは深刻な宗教差別や人権問題になります。また、外国人介護スタッフもいるのに、日本文化以外の年間行事などに配慮しないスケジュールやシフトの組み方も問題があります。

2　対策：差別ではなく配慮をすること

　上記のように仕事や職場において不当な差別を避けるために、違いへの配慮が必要になります。

● 差別と配慮

　差別は、相手を不利な立場におくことであって、避けるべきです。一方、対等な立場を保障するために相手の違いに気づき、それに配慮することは、多文化の職場において欠かせないことです。

【差別】

【配慮】

Kさんは
日本語がまだ上手ではな
いから会議に参加しやす
いよう○○しましょう！

● 平等と公平のとらえ方

みんなを同じように扱う文字通りの平等は既にある格差を維持・助長
してしまうだけです。日本の組織や社会においてはこのような狭い意味
での「平等」の考え方に囚われがちです。

このような日本の平等観では、個々がもつ特有のニーズや事情を問わ
ず「みんな同じように負担し、同じように恩恵を受ける」という見方が
強いです。ルールも、みんなが同じ単一の文化であれば、確かに大きな
不公平にはつながりません。

しかし、多様な文化をもつ人々が働く介護現場では、様々な役割やルール
を、日本文化のみを考慮して決めたら、本当の公平な職場にはなりません。
「みんな同じ」という単純な平等よりも、文化や立場に関係なく、誰も
が不利を被らず格差のない公平性に重きをおく必要があります。

図表9-① 「平等」と「公平」の違い

間違った平等観	あるべき公平観
会議では日本語のみを使う シフトに差をつけない みんな同じ制服を着る　　　　　等	誰もが発言しやすいようにする 文化が違っても困らないシフト 宗教が違っても困らない服装　　　　　等

● 読み書きへの配慮

この考え方でいろいろな例の解決策を考えてみましょう。

まず、日本語の読み書きにハンデのあるスタッフがいたら、記録や書類に関しては言語面の配慮をしましょう。

　ひらがなや読みがなの活用や、外国語訳とイラストなどの活用も念頭に入れることが望ましいです。

● 会話への配慮

　日本語を話す・聴き取ることに難しさを感じる外国人介護スタッフには慣れない日本語を考える・発言をする時間を十分に確保し、会議などから排除されないように注意しましょう。

　日本人側から伝えるときは、普段よりも丁寧にゆっくり行うことが相手を置き去りにしないための鍵です。

● 服装への配慮

　制服などに関するルールは日本文化に基づいて作られているため、文化の違うスタッフを迎えたら、見直しの必要性を検討しましょう。

　例えば、日本人にその習慣がないからと言って、宗教との関連が強いアクセサリーや入れ墨などを外す・隠すことを求めることは相応しくありません。

● 「郷に入った人を郷に従わせない」ウェルカムな職場作り

　最後に、文化を問わず誰でもウェルカムと感じさせる職場作りの一環として、日本人・外国人を含めた全てのスタッフの文化的な年間行事などの把握と、それを踏まえたスケジュールやシフトの組み方を考えることが理想です。

　「郷に入っては郷に従え」ではなく、「違うけど平等に価値のあるものとして尊重される」というメッセージを発することで、働きやすい職場になります。

第 **2** 節　差別が起こるしくみ

　職場で起きた日本人スタッフによる差別をその個人のせいにすることは、やってはいけないことの一つです。このような見方は差別が起きる複雑なしくみを見逃してしまうからです。

　個人を責めれば、「責められたくない」というネガティブな思いから、差別に対して黙ってしまったり、潜在化させてしまったりしやすく、個人レベルでも組織レベルでも前向きな改善に取り組める雰囲気の醸成は難しくなります。

　差別をなくすには、差別が起こってしまう「しくみ」に目を向けることが大切です。では、具体的に「差別」を無くす／起こさないためにはどうすればよいのか、考えてみましょう。

1　差別は悪意より「しくみ」で起こる

　普段、「差別」と聞いたら、思い浮かぶのは、「酷いことを言った（した)」という場面でしょう。

　例えば、ある日本人スタッフが外国人介護スタッフに対して「この○○人め！」、「これだから外人はダメ」、「○○人はどうせみんな…」という暴言を吐くことです。

　あるいは外国人であることを理由に、みんなが嫌がる仕事ばかりをさせる、会議や懇親会で声をかけず、わざと仲間はずれにするなどです。

● 差別は個人の悪意だけが原因ではない

　個人による差別は加害者の悪意だけで説明できるものではありませ

ん。なぜならば、その背景に、差別を見逃す文化と差別を引き起こす権力のしくみがあるからです。

　先述の例のように、「差別の対象」や「差別の内容」は決まったパターンになりやすいのはそのせいです。

● 差別の対象と内容

　差別の対象とは、組織や社会の中でそもそも弱い立場におかれている人です。ここではもちろん外国人介護スタッフです。そして、加害者は、少なくとも被害者に対して、何らかの権限をもっている（強い立場にいる）人です。

　差別の内容とは、ある特定の国の出身者や全ての外国人に対して日本社会の中にある先入観や偏見、差別用語や差別的な考え方に大きく左右されます。

　加害者が使う差別の言葉や外国人介護スタッフに対してもつネガティブな考え方は、ある日いきなり思いついたものではありません。むしろ、日本の文化や社会の中で身についたことがほとんどです。差別の場面で、それが表面化し、言動に出ただけです。

図表9-②　差別が起こるメカニズムの例

| あらゆるメディア | 友人同士の会話 | 職場や学校 |

等

例：○○人は声が大きい
○○人は時間にだらしない

「○○人は声が大きくて時間にだらしないんだ」という
ステレオタイプや差別感情が自然と芽生えてしまう

2 組織文化や社会構造が差別を作り出す

このように、個人の差別の背景には、いわゆる「文化的な差別」と「構造的な差別」があります。「文化的な差別」は、意識しないうち、生まれ育った文化や組織の文化の中にある差別的な考え方です。また、「構造的な差別」は、社会の中にある不公平な権力の構造に由来する差別的なしくみです。

図表9-③ 文化的な差別と構造的な差別

文化的な差別の例	構造的な差別の例
●●人は声が大きい ●●人は自分勝手だ ●●学校出身は仕事ができない ●●教は暴力的である 　　等、レッテル貼りに起因した差別	部下は上司に抵抗しにくい 外国人は異議を唱えにくい 経済的な原因で逃げられない 　　　等、しくみに起因した差別

つまり、差別は、個人・文化・構造の三つのレベルが複雑に絡み合っており、切り離して考えられません。そのため、差別の防止や起こってからの対応は、組織を挙げて対策に取り組むことが重要です。

第3節　差別が起こるしくみへの対応

これまで取り上げてきた「差別が起こるしくみ」を変え、差別が起こらないようにするためにはどうすればよいでしょうか。

方法の一つは、職場における力関係について理解することです。具体的には、外国人介護スタッフが組織の中におかれている「不利な立場」について整理します。

そして、「不利な立場」を理解した上で、その力のバランスを少しでも対等に近づけるための方策を考えます。実は、「声が届けにくい人々の声を届ける」ことを得意とする福祉における専門的なアドボカシーを外国人介護スタッフのためにも活用することになります。

1 外国人介護スタッフの弱い立場を理解する

同じ職務であっても、外国人介護スタッフと日本人スタッフとでは、立場上の格差がたくさんあります。このような格差を意図的に悪用することはもちろんするべきではありませんし、無意識でも、それを乱用して、外国人介護スタッフを不利な立場に立たせることも避けましょう。

● 外国人介護スタッフは「在留資格」を握られている

どうして立場が違うのかというと、多くの場合、外国人介護スタッフが日本に滞在できる権利を受け入れ施設が握っているからです。

永住者などの特別なケースを除けば、外国人介護スタッフの「在留資格」の更新には、雇い主の協力が欠かせません。これは組織における彼らの立場を弱めてしまう要因の一つです。

例えば、派遣や非正規雇用などと呼ばれる期限の決まっている仕事をしている場合、期限のない正規雇用と比べると仕事中にいくら嫌なことがあっても、更新されるかどうかを心配して断りづらいことがあります。

外国人介護スタッフが置かれている立場もこれに似ています。

● 生活も握られ、転職の自由が限定されることがある

受け入れの形態によっては、寮などという形で、住まいを雇用先が管理していることがあります。さらに、奨学金や母国の斡旋業者への借金、家族への送金などを抱えていることがあり、日本人スタッフにはないお金の責任を背負っています。

そのため、簡単に母国に帰ることもできませんし、転職も、在留資格や制度上の縛りによってしづらい／できない場合もあります。

　これらのことを考えると、外国人介護スタッフは、多くの場合、とても弱い立場で働いていることがわかります。

● 「発言権」が弱い

　外国人介護スタッフが声を上げにくい理由には、文化的な発言権の問題もあります。日本語能力の課題もありますが、それよりも社会や組織の中で認められる発言権が影響しています。

　どういうことかというと、日本の社会や組織で「外人」としてみられるため、日本の物事について「口を出す」権限があまり認められていないということです。

　多くの場合、様々な意見は発言の内容ではなく、発言者の身分で評価されます。そのため、外国人介護スタッフの発言は、無視・軽視されやすいのです。

　このような組織の文化が強い施設では、日本人スタッフがよく「日本ではね…」という説教をする姿勢で無意識に上下関係を作ってしまっています。意見が食い違う度に、自分の意見を日本を代表するものとして「外国人に教えてあげる」という態度です。

　日本人スタッフは日本のことなら何でも「当然」の発言権をもつという考え方は、文化が異なる相手との対等でよい関係作りを妨げています。

　以上みてきたように、外国人介護スタッフの受け入れでは、彼らの立場的な弱さを意識し、受け入れ側が気をつけないと、様々な搾取、ハラスメント、人権侵害の温床になりやすいのです。

2 立場を対等にするための工夫

立場的に声を出しにくい、あるいは聞いてもらいにくい外国人介護スタッフの声をすくい上げ、権利を守るために、受け入れ側は彼らの弱い立場を、日本人と同じ立場まで引き上げる必要があります。

では、そのためにどのような手段をとれるでしょうか。

● 意見箱

最初に思い浮かぶのは、利用者に対しても多くの施設が導入している匿名による意見箱のようなしくみです。

これはよい案ではありますが、外国人介護スタッフの受け入れ人数が少ない場合、特定されやすいため、機能しにくいデメリットもあります。

● 相談体制の整備

相談体制の整備は、相談を受ける人が職員、つまり組織側の人であれば、発言する立場の人は公平に扱ってもらえないという印象をもつでしょう。

そのため、相談先は第三者的な立場が保たれる外部体制が望ましいです。

例えば、外国人に特化した業界団体の窓口、様々な外国人の支援団体などです。これらの連絡先について外国人介護スタッフに周知しましょう。

● 直接不満を伝えられるしくみづくり

外国人介護スタッフが不快に感じることについて直接的に声を上げられるしくみづくりも必要です。

例えば、外国人介護スタッフ同士だけで定期的に集まれる機会（時間

と場所）を設け、そこで挙がった課題について日本人スタッフや施設側に報告する体制が考えられます。これには必要に応じて交渉する権利まで保障することが重要です。そして、本当に耳を傾けているかどうか、聞く側の姿勢も問われます。

● レッドカード

潜在化しやすい日常的な差別について、レッドカードの導入がよいです。これは、ハラスメント対策でも導入が見られているシステムで、外国人介護スタッフが小さいカードをもち歩き、必要に応じて出すだけで、「その言動を差別的に感じる」という気持ちを簡単に表せるツールになります。

何が嫌なのかなどを日本語で表すのは難しいですが、カードを出すだけで、日本語能力を気にせず導入することができます。

● 理念・方針・ルールを整える

最も重要なことは、多文化や多様性に関する理念や方針、そしてそれらに則って差別禁止を含むスタッフのためのルール（行動規範・規則）をつくることです。

明文化されたルールがあれば、それを武器に差別を受けている外国人介護スタッフが声を上げやすくなります。また、それをどうにかしたいと思う日本人スタッフも声を上げやすくなります。

逆に、このようなルールがないと、当事者が泣き寝入りするだけでなく、周りの人々も見て見ぬふりをする可能性が高くなってしまいます。

● 啓発教育を一緒に実施する

これらの対策を「逆差別」としてとらえる日本人スタッフもいるかもしれません。そのため、これらの理念やルールを浸透させる研修などの啓発教育を一緒に実施することが有効です。

研修の中では、日本人スタッフが個人的に責められているという印象を与えないように、これまで述べた差別のしくみが個人の範囲を越えているという理解と学び直しを深めることがポイントです。

第4節 業務外で求められる支援

外国人は仕事していない間は、当然ですが、日本社会で暮らしています。

多くの介護職種にかかわる在留資格では、外国人の生活面の支援が義務づけられていますが、そうでなくても、職場でできる範囲で外国人の生活面を支援することは、良好な職場環境を作っていくうえで必要なことです。

ここでは、施設の壁を越えた日本社会において外国人介護スタッフが「外人」としておかれている弱い立場と、それによって直面しやすい問題について取り上げます。また、これらの生活上の課題の解決を手助けするために、受け入れ側の日本の施設や雇用先の組織に求められる生活支援のあり方について考えます。

1 外国人が日本で直面する特有の課題

　日本人スタッフと比べて、外国人介護スタッフは、勤務時間を越えた日本の暮らしにおいて様々なハンデをもっており、特有の生活上の課題を抱える原因になることがあります。

　差別はお店や近所の付き合い、あらゆる社会サービスなど、日常の生活の中でも遭遇する場合があります。この場合は、外国人介護スタッフを守るために、受け入れ施設や雇用サイドとして、必要に応じて間に入り、対応しなければなりません。

【外国人介護スタッフの抱えるハンデ】

①在留制度に関する制限
②受けられる社会サービスの制限
③言語や文化の違いに関する制限
④頼れる私的なネットワークの制限

①在留制度に関する制限

　日本人なら罰金で済む軽度の違反でも、場合によっては在留資格の更新や延長ができないことがあります。そうなったら、日本にいられなくなり、生活の基盤を失うことにつながります。

②受けられる社会サービスの制限

　在留資格の種類によって公的な社会サービスを利用できるかどうかが異なります。

③言語や文化の違いに関する制限

　日本国内の社会サービスには、多言語サービスや通訳が整っている地域が極めて少ないです。したがって、多くのサービスで、申請書や問診

票など、あらゆる書類を日本語で書かなければなりません。困って訪れた場合、これは大きな壁になります。

　さらに、相談員や専門職との面談もほとんど日本語で行われます。これは、デリケートな生活上の問題や複雑な健康面の問題を正確に伝えづらくなります。

　文化の面でも各種サービスは、日本人以外を想定しておらず、外国人介護スタッフらの特有のニーズに合わせてできていません。例えば、同性医療などの宗教への配慮ができている病院も限られています。

　また、医師と患者のそれぞれに期待されるふる舞い方が文化によって異なるため、外国人介護スタッフにとって不安の原因になりやすいです。

　日本の医師は諸外国と比べて、よくも悪くも、物事をはっきりと言わないことが多く、他の文化の人は「この先生で本当に大丈夫かな？」と思うことがあります。医師の慎重さが自信や専門性、責任感が足りないようにみえてしまう場合があります。

　このような違いは、制度上だけなら使えるサービスがあったとしても、外国人が社会サービスから言語的・文化的に排除されている状況を生み出しています。

④頼れる私的なネットワークの制限
　外国人介護スタッフには日本に家族や親戚、友人・知人の人脈も少なく、私的な支援ネットワークも築けていないことが多いです。公的・私的を問わず、安心して頼れる社会資源の不足は、移住と文化の違いに伴う環境の変化と重なります。そのため、もともとの生活上の課題に加えてストレス要因になり、二次的なメンタルヘルス問題も起こりやすいのです。

2 外国人介護スタッフの支援体制を整える

では、外国人介護スタッフの日本社会における暮らしを守るために、受け入れサイドは何ができるのでしょうか。

● 組織全体で支援ネットワークの代わりになる

最も必要な支援は、友人・家族など、外国人介護スタッフが日本ではもつことのできない日々の私的な支援ネットワークの代わりになり、できるだけ組織でカバーすることです。さらに、公的な社会サービスを使うときに、場合によっては同行することや代弁することも必要です。

● 頼れる地域の資源を把握しておく

一方で、職場で多文化の生活の支援まで背負うことに限度があります。したがって、外国人のための日本の社会資源について調べ、必要に応じて外国人介護スタッフへとつなげることも重要です。

残念ながら、このような資源の充実度は地域によって異なるため、自分たちの地域の資源は事前に把握しておきましょう。

【外国人介護スタッフを支える地域資源】

- ・市区町村役所の専用窓口（もしあれば）
- ・国際交流や多文化共生の組織（国際交流協会や多文化共生センターなど、各地域の名称は様々）
- ・弁護士会などの専門職団体の外国人向け窓口
- ・大学や日本語学校
- ・外国人学校やインターナショナルスクール
- ・外国人介護スタッフの母国の大使館
- ・同国人のコミュニティ（エスニックのお店など）
- ・民間の外国人支援団体
- ・教会やモスクなどの宗教施設

【事例】
脇役という意味の「外国人助っ人」

　ある施設では、外国人介護スタッフが数人働いています。受け入れてからしばらく経つと、あらゆる業務を担えるようになり、日本人スタッフはとても助かっていると感じています。

　最近、日本人だけで開催されているスタッフ会議の中で、日本人スタッフのＬさんは、「外国人助っ人」という言い方で外国人スタッフを呼ぶようになりました。全体的に助かっているから、他のスタッフも賛同し、いつの間にか、様々な雑務について「外国人助っ人に助けてもらおう」と言いながら、会議では多くの細かい仕事が外国人介護スタッフにふられています。

　ある日、数人の外国人介護スタッフより、受け入れ担当者に次の相談が入りました。

　「私たちも介護職員のはずなのに、日本人スタッフと比べて、介護以外の仕事をたくさんさせられています」

　「利用者さんやその家族の前で、『介護士のＭさんやＮさん』ではなく、『外国人助っ人のＭさんやＮさん』と紹介されるのも嫌です」

助っ人！
助かるよ〜！

● 明らかな「差別的な状況」がある

「外国人助っ人」という言い方を外国人介護スタッフは明らかに不快に感じています。これは差別と思われる状況が作られてしまっていると言わざるを得ません。

実は「助っ人」という呼び方は、多くの外国人のなかで専門性を認めない差別的な表現と感じられています。また、職務上の扱い方、とりわけ仕事の任され方は、日本人と不当な差が見られます。

● Lさん個人の問題ではない

この問題は日本人スタッフLさんの「外国人助っ人」という発言から始まっていますが、Lさん一人の差別がこの状況を作ってしまっているのでしょうか。

第一に、Lさんには全く悪気がなかったと思われます。外国人介護スタッフは「助けてくれている外国人」ということで、ふとそう呼んだだけです。むしろ、ありがたい気持ちが強かったでしょう。

第二に、この言い方はLさんが独自に思いついたわけではありません。この言い方が現れた背景や、それが他のスタッフ間でも広がった理由、組織内で与えてしまった印象と仕事の分け方への影響にも、日本文化と日本社会、そしてこの組織のあり方が強く関係しています。

つまり、そもそも日本語や日本文化に「外国人助っ人」という言葉と考え方があるからこそ、Lさんがそれを使い、他の日本人スタッフもすんなりと受け入れてしまうことができたわけです。プロ野球での外国人選手を未だに「外国人助っ人」と呼んでいることがその一例です。

● 「外国人助っ人」はなぜ差別となるのか

「外国人助っ人」は、「日本の組織で脇役として支えになってくれる外国人」というニュアンスをもっています。これは本筋から外れ、主役になれないという印象を与えます。

外国人介護スタッフも専門性をもった介護職員であるにもかかわらず、「雑務係のような扱い方で十分」という考え方が生まれてしまいました。これは、文化的な差別が言葉遣いなどを通して、日本人スタッフの個人的な差別を引き起こし、それを助長してしまう典型的なパターンです。このような好ましくない考え方が組織の文化になってしまったのです。

● 発言権のない職場であることも差別の原因の一つ

　仕事の分担を決めるプロセスにも問題があります。

　この施設では、雑務などが生じたときに、スタッフ会議で担当者を決めているようですが、その会議に外国人介護スタッフが参加できていません（参加できていても発言させてもらえない、日本語や立場上の問題から発言しづらい、発言できないでいる場合も同じです）。したがって、自分たちの意見が反映されないまま、仕事がふり分けられています。

　これでは、外国人介護スタッフの発言権が保障されていません。そのため、組織内では日本人スタッフと比べて弱い立場に追い込まれています。このようなしくみがあることも、構造的な差別として個人レベルの差別を可能にしています。

　つまり、日本人スタッフに広がっている言葉遣いとそれがつくる考え方（文化的な差別）と、日本人スタッフと外国人スタッフのパワーのバランスが偏っている組織のしくみ（構造的な差別）が重なり、個人の差別と、全体の差別的な状況を生んでいます。

● 差別を解消するための手順

この実態を解消するためには、以下の手順を踏みます。

---

① 「助っ人」という言葉とその考え方を捨てる

② 「外国人介護スタッフは雑務係ではなく「介護職員」という意識を広める
　⇒組織内の啓発や研修の取り組みが必要です。

③自由に意見を言える、話し合いに参加できる工夫をする
　⇒外国人介護スタッフの立場を強める組織構造にするためです。特に、
　　自分たちにも影響の大きい業務の分担などを決めるのにあたって、発
　　言の機会を十分に与えることが基本です。必要に応じて適切な言語面
　　の配慮もします。

第10章 利用者や家族からの「差別」への対応

最終章では、利用者と家族との間で生じる問題と、その対応を考えます。

この問題も放置すると、深刻な人権侵害に発展してしまいます。そうなれば、施設、利用者、家族、そして外国人介護スタッフ間での信頼関係が崩れてしまいます。

ここでは、具体的に利用者による差別的な言動と、日本の施設介護に違和感を覚える外国人介護スタッフのケースを中心に取り上げます。

それぞれについて背景を整理し、考えられる対応について検討しましょう。そして、それぞれがよい関係を築くために普段から取り組むべきことについてまとめます。

第1節 利用者・家族による差別

高齢者が外国人介護スタッフに対して不信感をもつことは珍しくありません。日本以外のアジア諸国に対して偏見や差別の考え方をもつ人もいます。

筆者も、介護現場で実際に「私は漢民族が嫌い」あるいは「支那人はいかん」などの発言を耳にしたことがあります。本節では、このような差別的な言動をどのようにとらえればよいか、そしてどのように対応すればよいかについて考えます。

1 利用者が差別をしてしまう背景

当事者の前で「私は〇〇人は嫌い」と露骨なことを言う人は少ないでしょう。しかし、「〇〇人は…」や「外人は…」という一括りで外国人

介護スタッフのことを考える利用者はいます。

　このような過剰な一般化をステレオタイプと呼びます。また、このような考え方は、相手のことを実際に知った上での判断よりも、むしろ知らないことに由来する偏見からきていることが多いです。

　そして、本人はたいていそれに気づいていないため、一方的に責めたり、正したりすることはむしろ逆効果です。

●「専門職」として責任ある対応をする

　福祉の専門職である以上、倫理的な責任があります。そのため、理由は何であれ、外国人介護スタッフに対する利用者によるあらゆる差別的な言動を見逃す、あるいは何もしないという選択肢はないと考えるべきです。

　これはセクシャルハラスメントの問題を見逃してはならないのと同じです。

2　利用者の理解を求める

　外国人介護スタッフを守るために、彼らの周りに求められるのはアライ（ally）とチェンジエージェント（change agent）の役割です。

● アライ（ally）＝仲間

　アライとは仲間や同盟を意味する単語です。「自分は差別を受けている当事者ではないが、その当事者の仲間になるよ」という意味です。

　アライは、差別を受けた当事者に寄り添いながら、その人を差別から守り、助けるために、差別的な状況に働きかけることが求められます。

● チェンジエージェント（change agent）＝変化をもたらす者

チェンジエージェントとは、直訳すると「変化をもたらす者」を意味します。この役割は、差別的な状況を変えるために、差別の感情や考え方をもつ加害者が自ら変わることを助けることです。

加害者に対し、差別が向けられている相手に対する正しい理解を深め、視野を広げてもらいます。そして、加害者の意識の変化を直接的に否定せず、ポジティブな働きかけで促すことがポイントです。

● 関係を壊さずに差別を無くす方法

差別的な意識をもっている利用者に対し、真正面から一方的に正そうとしても、何も変わりません。むしろ、関係が壊れてしまうだけです。

ほとんどの場合、差別をする側には何の悪気もなく、その言動は本音であって、ある意味で正直なふる舞いです。したがって、相手に寄り添いながら対立しない形で、その言動が差別的であり、背景にある考え方が事実ではない、偏見に過ぎないという気づきに導く必要があります。

そのため、以下のような手法を使いましょう。

> **【利用者との関係を壊さずに「気づき」を促す方法】**
> ①偏見による差別は、根拠のない先入観や過剰な一般化（ステレオタイプ）に基づくため、それに当てはまらない例外を示す
> ②差別的な言動やその背景にある偏見などは、対象となる人々をネガティブにとらえているため、ポジティブな側面に目を向けてもらう
> ③「○○人は…」という一括りにしがちな見方を変えるために、意図的に「△△さんは…」という個人が見える話をする。一方、話し合いの中で、「みんな」や「全員」という表現に気をつけ、避けるような会話をする
> ④相手が偏見に基づいてもっているネガティブな意見や感情の理由を聞き、本当に根拠があるかどうかについて考えてもらうと同時に、自分の実際の経験を基にポジティブな例やその偏見に当てはまらない例を探してもらう
> ⑤相手の偏見は、極端な例に注目しがちと指摘しながら、自分の文化による主観的な価値判断であるという気づきを促す

差別の背景に認知症などがあり、意識的なレベルでの変化を期待しにくいケースについては、外国人介護スタッフとその利用者を会わせないように、配属や業務分担の見直しが必要になる場合もあります。

変わりようがないほど強い差別意識をもつ高齢者は、外国人介護スタッフに介護を受けたくないと思うでしょうから、このような配慮は、当事者を守るだけでなく、ある意味で利用者の希望にも沿う対応になります。

第2節　外国人介護スタッフ側の偏見

第1節と対照的に、外国人介護スタッフの思い込みや偏見がトラブル

の原因になる場合もあります。どのようなトラブルがあったら、どのような対応が考えられるのか、みていきましょう。

1 「敬老」の価値観によるジレンマ

● 「敬老」の価値観をもつスタッフ

東南アジア出身の外国人介護スタッフについて、「今時の日本の若者よりも敬老の精神がしっかりしている」というよい評価をメディアや業界内で耳にすることがあります。

核家族化が進んでいる日本と比べれば、東南アジア諸国から来日する介護スタッフは、多世代家族で育った人が多いのです。したがって、同世代の日本人スタッフよりも、身近に高齢者がいる生活を経験してきています。

そして、現代日本よりも敬老の文化が強い出身国であれば、高齢者に対する尊敬と世話の精神は今日の日本の若者よりも自然と身についているはずです。

● 「敬老」の価値観が悩みの種に

しかしながら、このような外国人の価値観は日本の介護施設にとっては悩みの種に、外国人介護スタッフにとっては葛藤につながることがあります。

具体的には、高齢者は必ずしも「お年寄り」ではなく「利用者」であり、介護も、家族関係ではなく、専門的な契約関係の中で行われていることです。

大家族主義の介護観からみた日本の施設介護はどのように写っているのでしょうか。日々の介護をするのは家族ではなく、自分たちも含めた給料をもらっている職員です。そして、介護する人とされる人の数のバランスを考えると、家庭のような手厚いかかわりや丁寧な付き合いをす

る余裕がなかなかない施設も多いです。

　来日してまもなくの段階では、日本社会や介護業界のこのような実態を「高齢者に冷たい」、あるいは家族から離れて施設で介護を受ける高齢者を「可哀相」と思う外国人介護スタッフもいます。

● 価値観の違いによるジレンマやストレスがトラブルに

　日本には介護保険という制度があり、専門的な学習体制も整っています。彼らはそれによって介護が社会化されていると学んでいます。また、家族介護と、専門職である自分たちが提供する社会サービスとしての介護の違いも頭ではわかっています。

　しかし、頭でわかっていることと、自分の価値観や本音として内在化している（受け入れている）ことは違います。

　もしも、内心は母国の高齢者観や介護観も残っていれば、日々の業務の中で、二つの異なる価値観の間に強いジレンマを感じるでしょう。日常の仕事をめぐるこのような倫理面の葛藤は、相当なストレス要因になるのみでなく、表面に出てしまうこともあります。

　そして、表面化した場合、利用者や家族との関係の悪化につながるリスクがあります。例えば、本人やその家族にふと「可哀相」と言ってしまう、本人の代弁をしようと思って、面会時に家族に家族介護をアピールするなどです。

2　外国人介護スタッフの新しい見方を手助けする

　これらの葛藤は、日本人スタッフが相談を受ける場合もあれば、利用者やその家族から苦情を受ける原因にもなります。どの場合でも、外国人介護スタッフに介護観などの自分の価値観と向き合える機会を提供し、そのふり返りのプロセスを助けることが受け入れ側に求められます。

このような文化の違いによって生じる内面の葛藤や周りとの摩擦への対応として、以下のような手順を踏みましょう。気づきと理解を深め、そしてそれを通して価値観の変化と成長を促すことができます。

【外国人介護スタッフに「気づき」を促す方法】
① 葛藤や摩擦が起きた場面について、忘れないうちに冷静にふり返りを行う
② その場面の具体的な状況、自分や相手、その場にいたすべての人々の言動など、覚えていることを書き出す
③ その状況に対する他の人の意見や見方を聞き、現場を再確認するなどのより詳しい情報を集める
④ 新しく得た情報と知識を踏まえて、その場面を改めてふり返り、自分がそれまで思っていたのと違う解釈や、より深い理解がないかを考える
⑤ 完全な理解がなくても、部分的な理解が深まればその成果とプロセス全体を記録する

「自己覚知」を進めるために、日記のような「ふり返りノート」をつけることも有効です。この自分の価値観と向き合うプロセスを、違和感が生じる場面に直面した度にくり返します。そうすることで、徐々に自分の視野を広げ、現代日本文化における介護観を許せるように心が変わっていくでしょう。

第3節 利用者・家族とよい関係を築くポイント

これまで、利用者（家族）、外国人介護スタッフ、それぞれに気づきを促すための方法をみてきました。

最後に、利用者（家族）と外国人スタッフがよい関係を築くポイント

を考えましょう。

1 受け入れ前に取り組むこと

● 事前に情報を伝える

まずは、利用者と家族向けに事前に情報を与える必要があります。

なぜなら、最初は外国人介護スタッフに対しては「知らないこと」からくる不安が大きいからです。そして、この未知への不安の気持ちを和らげるベストの方策は、早い段階から細かく積極的な紹介を行うことです。

これは、書面で伝えることが方法としてありますが、利用者や家族側からの意見も取り入れられるように説明会を開くなど、あらゆる形式で行いましょう。

● 情報を伝える際の留意点

説明の中では、実務的な情報以外に、多様性の尊重を強調することが求められます。文化的な共通点と違いの両方に焦点を当てるということです。

外国人介護スタッフも同じ人間である以上、共通点の方が圧倒的に多いはずです。しかし、これは違いにばかり目がいく中で忘れられがちです。そのため、「同じである」ということにより焦点を当てる必要があります。

ただし、「同じである」という主張をあまりにも強くしてしまうと、特有の文化とその存在意義を否定することや「ごまかし」という印象を与えることになるため、注意が必要です。

そして、その中で「当施設はこれからこのような日本文化と違った文化をもつ職員が働くことが当たり前になる」というメッセージをはっきりと伝えることを忘れてはなりません。

2 受け入れ後に取り組むこと

受け入れ後も、多様性の姿勢を貫き、多文化が存在意義を認められ、尊重される環境作りに取り組まなければなりません。

これまで確認してきた通り、これは外国人介護スタッフに日本文化への同化を求め過ぎないことです。そして、利用者や家族に対して彼らの文化を隠さず、むしろ認めてもらい、価値のあるものとして肯定的に扱ってもらうことが最善の方法です。

具体的には、外国人介護スタッフの文化を、施設の特徴や強みとして意識し、食事のメニュー、レクリエーションのプログラム、一年を通した様々な行事、施設のインテリアなどにおいて少しずつ取り入れることが考えられます。

気をつけるべき点は、外国人介護スタッフに過剰な負担をかけないことと、意思に反して見世物にしないことです。

そのために、取り上げるバランスを人数とモチベーションに応じて考え、外国人介護スタッフのみに任さず、「みんなの施設の文化」として日本人スタッフも積極的に取り組む必要があります。

このような取り組みは、利用者にとっても非日常的な体験を提供する機会になります。

第4節 【事例】 利用者や地域からの偏見への対応

ある施設で、外国人介護スタッフを受け入れることになりました。
来日に先立って、オリエンテーションを開いたときに、利用者と家族、参加している近隣の住民から、「外人が苦手」「肌が黒い人に触ら

れたくない」「日本人と同じ介護ができるのか」「宗教の問題は大丈夫か」「地域で治安の悪化につながらないか」などのネガティブな意見や不安の声が多く寄せられました。

　施設側として、これらの声に答えるほど、自分たちも受け入れ予定の外国人介護スタッフについて十分に知らないことに気づきました。

　そして、より努力し、さらに詳しい第2回のオリエンテーションを開くことを約束しました。それに向けて、挙がった疑問や抵抗感を解くことを目指しながら、迎える外国人介護スタッフの文化についてよく調べると同時に、それを施設の強みとしてとらえる戦略を立てることとしました。

　オリエンテーションに利用者と家族に加えて地域の住民が参加している点は高く評価できます。しかし、そこでは、参加者が知らないことからくる不安な気持ちが多く明らかになりました。そして施設側も外国人介護スタッフについて十分な情報をもっていないという反省につながりました。

　その反省は、より準備が必要という気づきと、その実現に向けた努力を生みました。必要になった準備の内容を大きく二つに分けることができます。

① 「未知の不安」を解消する

　第一に、「どのような人がくるのか」という不安や疑問に対して、第2回のオリエンテーションの開催で、外国人介護スタッフについて事前

に紹介することです。

　その際、受け入れる外国人の文化をポジティブに紹介します。さらに、日本文化との共通点や、逆に日本文化と違う魅力を伝えることで、来日前から抵抗感を和らげることができます。

　逆に楽しみにする気持ちが芽生えれば、来日後に本人たちとも調整しながら、自分たちの文化を紹介するイベントなどを開くことができます。これは、利用者にとって非日常の特別な体験として、よいレクリエーションの機会にもなります。また、その一部を地域に対してもオープンにすれば、社会資源としての施設の価値を高めます。

②長期の戦略を立てる

　第二の取り組みは、長期の戦略を立てることです。

　この受け入れをもって、施設のあり方は、外国人介護スタッフがともに歩み、彼らの文化も尊重され、その強みが活かされる施設に変わるという新しい方針の制定です。

　この方針を明文化し、第2回のオリエンテーションで宣言することが重要です。それによって、参加者は施設の立ち位置がはっきりわかり、ポジティブなとらえ方を共有できます。

　このようなポジティブなアプローチは、外国人介護スタッフの異なる文化を弱みではなく、強みとしてとらえています。

　そして、彼らの位置づけは、利用者や家族、地域の住民にとっても、「労働不足への助っ人」「隠すべき存在」から「施設や地域のユニークで欠かせない資源」というより肯定的なものに変わります。

おわりに

　本書をお読みになり、いかがでしたか。一緒に働く外国人介護スタッフを理解する上で、本書は少しでも参考になったでしょうか。

　ここで得たヒントを日々の実践の中で少しずつ試すことで、ともに学べ、日本人スタッフにとっても外国人介護スタッフにとっても働きやすい介護・福祉の職場作りと、多様性の力が発揮される新しい介護につながることを楽しみにしております。

　最後に、この場をお借りして、本書の実現に欠かせない支援を頂いた方々に感謝の意を表したいと思います。

　第一に、日本の介護・福祉現場における本書の必要性に対する思いを共有し、声をかけてくださった編集担当の鈴木涼太様にお礼を申し上げます。あらゆる試行錯誤を重ね、長い道のりでしたが、無数の細かいご指摘や工夫のおかげで、読者にとってより読みやすい一冊が出来上がったと信じております。

　続いて、イラストレーターのシライカズアキ様のご尽力により、内容のニュアンスがよりわかりやすく伝わるようになりました。どうもありがとうございました。

　また、東京都立大学の和気純子先生には、日頃より大変お世話になりながら、本書に近いテーマの共同研究にも分担者として参加させて頂き、とても貴重な経験になっております（日本学術振興会・科学研究費助成事業・基盤研究（Ｂ）「多文化共生ケアシステムにおけるグローカルソーシャルワークの理論的・実証的研究」課題番号：19H01590）。

　そして、同じ社会福祉学科の同期に当たる野田健先生をはじめとして、長崎国際大学の教職員の仲間には、日々の仕事、ときには生活まで支えて頂いているからこそ、執筆に取り組める環境が整っていたと確信しております。毎日、深く感謝しております。

参考文献

和文（五十音順）

● ヴィラーグ　ヴィクトル『多様性時代のソーシャルワーク：外国人等支援の専門職教育プログラム』中央法規出版,2018

● 『2025年に向けた介護人材にかかる需給推計（確定値）について』厚生労働省,2015

英文（アルファベット順）

Peace Corps,Culture Matters: The Peace Corps Cross Cultural Workbook, Peace Corps,1997

Thompson, N.,Promoting Equality, Valuing Diversity: A Learning and Development Manual,Russell House,2009

●著者紹介

Virág Viktor（ヴィラーグ　ヴィクトル）

長崎国際大学社会福祉学科及び大学院社会福祉学専攻講師

ハンガリー生まれ。高校生のとき歯の治療中にかかりつけの歯医者の娘の留学生活を
さんざん聞かされたことをきっかけに、留学を決心。2002年に初来日し、後に東京大
学で社会学を学ぶ。駒場から本郷に進学するとき、待望のジェンダー論ゼミが教員のサ
バティカル休暇のため開講されない「おかげ」で、福祉社会学と出会う。

実践により近い社会福祉学を極めるために、日本社会事業大学の大学院に入学し、修
士号と博士号を取得。在学中にソーシャルワークを学んでいく中で、日本の社会福祉実
践と専門職養成において多様性の視点が弱いことに疑問を抱く。「なら自分で切り拓い
ていくしかない」と決意し、社会福祉士や精神保健福祉士の国家資格者養成カリキュ
ラムへの本格的な導入を長期的な目標に、多様性に対応できる社会福祉教育とソーシャ
ルワーク実践について研究に従事。

学部生時代に介護ボランティア、大学院生時代にはデイサービスのケアスタッフと重
度訪問ヘルパーを経験。

現在、長崎国際大学社会福祉学科及び大学院社会福祉学専攻講師として、ソーシャル
ワーク技術に関する科目を中心に教鞭を取る。学内のベストティーチャー賞を2年連続
で受賞（学生による授業評価部門と研究実践部門、2021年3月31日現在）。

介護・福祉の現場で　ともに学び、働くための
外国人スタッフの理解

2021 年 4 月 25 日　発行

著　者	ヴィラーグ　ヴィクトル
発行者	荘村明彦
発行所	中央法規出版株式会社

〒 110-0016　東京都台東区台東 3-29-1 中央法規ビル
営　　業　　　TEL 03-3834-5817　　FAX 03-3837-8037
取次・書店担当　TEL 03-3834-5815　　FAX 03-3837-8035
https://www.chuohoki.co.jp/

装幀・本文デザイン　　澤田　かおり（トシキ・ファブール）
装幀・本文イラスト　　シライ　カズアキ
印刷・製本　　　　　株式会社ルナテック